英格兰大教堂

The Cathedrals of England

刘小凯 赵冬梅 著

上海交通大学出版社
SHANGHAI JIAO TONG UNIVERSITY PRESS

内容提要

作者在一年的时间内，考察了英格兰大大小小的教堂50余座，拍下照片上万张，写了游记几十篇，并用镜头、速写和文字三种方式记录全部英格兰大教堂。本书的第一条线索是书中的游记，这些文字既有客观的解说也有作者主观的感受。本书的第二条线索是摄影作品，书中照片都是作者的摄影作品，这些作品讲究构图、光影和故事性。本书的第三条线索是建筑速写，这些速写经常来自午餐时间和漫长的火车旅程中，这些写生更像是教堂印象。

本书所介绍的16座英格兰大教堂的建筑风格跨越了罗曼时期、巴洛克时期、哥特时期等重要的外国古代建筑时期。这些教堂中比较有代表性的有圣保罗大教堂（St Paul's Cathedral）、约克主教堂（York Minster）、利奇菲尔德大教堂（Lichfield Cathedral）、彼得伯勒大教堂（Peterborough Cathedral）、林肯大教堂（Lincoln Cathedral）等。

图书在版编目（CIP）数据

英格兰大教堂 / 刘小凯，赵冬梅著. — 上海：上海交通大学出版社，2019
ISBN 978-7-313-22777-5

Ⅰ.①英… Ⅱ.①刘… ②赵… Ⅲ.①教堂－介绍－英格兰 Ⅳ.①B977.561

中国版本图书馆CIP数据核字〔2019〕第282576号

英格兰大教堂

YINGGELAN DAJIAOTANG

著　　者：	刘小凯　赵冬梅			
出版发行：	上海交通大学出版社	地　　址：	上海市番禺路951号
邮政编码：	200030	电　　话：	021-64071208
印　　制：	上海四维数字图文有限公司	经　　销：	全国新华书店
开　　本：	787mm×1092mm　1/16	印　　张：	12.75
字　　数：	177千字		
版　　次：	2019年12月第1版	印　　次：	2019年12月第1次印刷
书　　号：	ISBN 978-7-313-22777-5		
定　　价：	78.00元		

前言

cathedral这个词来源于chair，即主座的意思，也代表了教区中的重要位置，英格兰的教区一共有44个（也有另外一种说法，将圣乔治礼拜堂（St George's Chapel）和威斯敏斯特教堂（Westminster Abbey）两座主教堂排除在外，因为这两座教堂为皇家使用的教堂）。由于历史的缘故，又分为南部和北部，南部以靠近欧洲大陆的坎特伯雷主教堂（Canterbury）为首，北部以最传统的老牌城市约克（York）为首，下面的教区分属于南北两个为首的教堂主管，而威尔士、苏格兰、北爱尔兰的教区并未归入英格兰教区，这些地区的教堂质量也的确不如英格兰教堂，本书考察的是英格兰大教堂而不是英国大教堂。事实上，主教堂不一定是最漂亮的教堂，主教堂是行政上的划分，尽管大部分还是非常精美，但也有一些教堂是很普通的，而英格兰还有一些教堂因为位置关系不能位列主教堂之列，但其规模和精致程度一点都不输给一些主教堂，这些漂亮的教堂也是英格兰教堂中闪耀的明珠。

书中用镜头、速写和文字记录这些英格兰大教堂，按照我去参观的英格兰的大教堂顺序排列如下：

1. 德比大教堂Derby Cathedral
2. 莱斯特大教堂Leicester Cathedral
3. 绍斯维尔大教堂Southwell Minster
4. 利奇菲尔德大教堂Lichfield Cathedral
5. 彼得伯勒大教堂Peterborough Cathedral
6. 林肯大教堂Lincoln Cathedral
7. 伊利大教堂Ely Cathedral
8. 圣保罗大教堂St Paul's Cathedral
9. 约克主教堂York Minster
10. 切斯特大教堂Chester Cathedral
11. 诺里奇大教堂Norwich Cathedral
12. 伯明翰大教堂Birmingham Cathedral
13. 考文垂大教堂Coventry Cathedral
14. 圣埃德蒙兹贝里大教堂ST Edmundsbury Cathedral
15. 布莱德福德大教堂Bradford Cathedral
16. 维克菲尔德大教堂Wakefield Cathedral

本册中包含前1—16座大教堂。

英格兰的大教堂大多数都有哥特时期的印记，可以说哥特式是这批大教堂最主要的风格。英国的哥特建筑要从12世纪说起，彼时的西欧建筑进入了一个极富创造性的、获得光辉成就的新时期，在诺曼建筑（Romanesque architecture）的基础上，发展出了以法国的城市主教堂为代表的哥特式建筑风格。在随后的三百年，哥特建筑这一新的建筑风格，不仅反映出欧洲城市经济的繁荣，还呈现出王权的加强。继法国之后，英国很快也掀起了哥特式主教堂，并且发展出独特的哥特建筑，取得了辉煌灿烂的成就。

2014年我获得去英国诺丁汉大学访学的机会，在英国的一整年，利用每个周末和假期，我考察了英国大大小小的教堂60余座，拍下照片上万张，写了游记几十篇。英国除了伦敦、曼城、伯明翰等极少数城市，其他城市似乎都像个陈旧的小镇，所以现代建筑也大部分集中在现代一点的城市，在英国就近看建筑的第一选择也只有教堂了。正是这样的初衷，我考察了第一个大教堂级别的教堂——德比大教堂，这本书的顺序也按照我的考察顺序展开。诺丁汉位于英国中部，加上英国的铁路非常发达，远一点的城市一天也可以来回，非常适合进行英格兰大教堂的考察，这些教堂的考察顺序也由近到远地展开。最初考察的几个教堂，包括德比、莱斯特、谢菲尔德等几个教堂并没有特别打动我，一直到利奇菲尔德大教堂，才开始决定全面考察所有英国大教堂。

本书的第一条线索是书中的游记，逐步从游记类型，包含城市体验这些比较自由的文风，慢慢向更关注教堂的方向发展。在书稿整理阶段，我还是保留了最初的印象，这些印象可能比较肤浅，随着考察的深入，早期游记的后面用后记的方式记录了我再次去参观的感受，希望读者也能随着我的感受，慢慢进入专业的介绍。这些介绍的文字来源既包含了教堂官网的介绍、guidebook的介绍、后记中提及的书籍以及和教堂工作人员的交流所得，又有大量我自己的专业知识和现场的感受，所以这些文字中不一定是绝对客观的解说，我希望不同的人能看到不一样的教堂。

本书的第二条线索是摄影作品，书中大部分照片都是用Canon 17mm移轴镜头拍摄。从利奇菲尔德开始，

我第一次使用移轴镜头到最后一个教堂Ripon，读者也可以感受到照片技术的慢慢进步，从一开始的垂直线不够整齐，到最后不用ps修片都能完全对称，照片质量也在逐步提升。最后一个拍摄是重拍莱斯特，我甚至在一个固定的角度拍了几个小时，记录教堂从白天到黑夜的过程，并利用数字手段进行了时间切片的合成。在长达一年的拍摄过程中，这些历经几百年的教堂难免会进行维护，一开始我会觉得非常的遗憾，没能拍到最完整的效果，到后来我慢慢理解这就是这些老教堂的常态，这些不完美也许是有一天我能重回故地再次拍摄的理由。还有一些教堂不允许拍照，比如达勒姆大教堂和威斯特敏斯特大教堂，只有建筑室外的照片，而圣保罗大教堂我意外地被允许拍了照片，谢谢英国人的宽容。后来我还把一些照片发给教堂，个别教堂甚至把我的照片变成网站的主页照片，这一点我非常开心。

本书的第三条线索是建筑速写，这些速写经常来自午餐时间和漫长的火车旅程中。我在英国的第一张速写是在拜伦故居门口的咖啡馆里，拿起餐馆的圆珠笔画在了餐巾纸上，在朋友圈中获得大家的支持，开始了建筑速写。在我画了几个教堂之后，开始对自己的笔风产生了厌倦。在莱斯特的速写中，我刚看完毕加索的一个陶瓷展，产生了一个有趣的灵感，用曲线绘制了横平竖直的教堂，这种立体主义的思维让我开始把速写变得不太一样。到了约克和伯明翰教堂，我甚至利用了数字手段，对速写进行了加工，完成了一些不太一样的钢笔画。这些钢笔画中，像考文垂、牛津等教堂的速写都画出了不太一样的写生，当然严格上讲这谈不上是写生，更像是教堂印象，所以这条线依然是渐进的。

所以本书从这些角度看，并不是一本平行阅读的书，建议读者按照顺序逐步阅读，跟随我一步步了解英格兰大教堂。

对于英格兰教堂的理解，可能还有很多值得商榷之处，请读者不吝赐教，欢迎添加我的微信进行交流。

目录

Derby Cathedral

德比大教堂

今天的德比之行，意外惊喜，我所体验的一切跟我来之前的设想并不太一样，我以为是来看英国版江南水乡的，不想感受到很多新东西，混杂了自己复杂的反应，我希望有一天自己的速写能表达出这种丰富的体验。今天在博物馆的油画馆里看到一个画家Lowey的介绍，直接戳到了我的共鸣，尽管我的相机躺枪，他这么说：是的，相机也许可以非常准确地记录场景，但对我来说并没有意义……我的大部分场景都非常复杂：一半真实一半想象……如同梦境一样。（Well，a camera could have done the scene straight off. That was no use to me,...Most of my land and townscape is composite. Made up: part real and part imaginary...like things do in dreams.）

Derby. Cathedral.
2014.2.22

2014.2.22 德比大教堂 Derby Cathedral

我知道德比，是从当年国际米兰和AC米兰的同城大战中而来的，意思就是同城的重要比赛，但德比还有一个非常重要的意思就是赛马，因为德比就盛产好马。说来羞涩，周五晚上和老黑说我明天准备去德比的时候，他纠正了我的发音，Derby的发音应该像"Darby"。

德比离诺丁汉非常近，于是它成了我由近及远自驾游的第一站，大约24公里。今天天气非常晴朗，我第一次驶上英国的高速公路，这段公路叫A52，google map的反应稍微有些慢，因此在高速上要格外小心。没有收费站，每次到出入口总是一个大环岛，然后经常有五六个口子，你刚从60~70迈（100~120公里/小时）的速度下来，的确有些慌乱，大家都不喜欢变道，这边排着七八辆车，那根道一辆车也没有的情况时有发生，在这里时间长了就会养成不急不躁的习惯。乡间的高速风景凉而不荒，有时候会有错觉，和城市的道路并没有太大的区别，不像在国内一上高速，就觉得到了安亭的上赛道，血脉喷张。

我到Derby的时候才早上9点多，小镇还透着一股苏醒的清凉，人很少，静静地不像座城市，只有从那座一眼就看得到的教堂塔楼上不断飘出浑厚的钟声顾自悠扬。在来之前的准备功课中，我从中文的搜索中几乎没有找到这个城市什么有价值的介绍，看来这座小城的确像我的第一眼印象一样其貌不扬。这个叫Derby Cathedral的教堂就位于城市的中心，它的塔楼号称是大英帝国的第二高度的教堂塔楼，我猜想可能是这座城市最高的地方了。在我下午闲逛的时候我根本不害怕迷路，因为你在路口一拐弯就能看到那座塔楼，热情的教堂奶奶志愿者给了我一张单子，上面写着每年只有那么7个月甲各有一天可以登上这座塔楼，俯瞰全市风景。我期待下一个开放日6.21故地重游，欣赏下俯瞰小镇的视角，据说还会给我颁发爬塔证书"Tower Certificate"，这个架势堪比"不到长城非好汉"。

还没进教堂之前，远远地就被这座跨在德文河（River Derwent）上的小桥吸引，这座小桥是座小斜拉索桥，桥面在主支撑的地方弯折了30度，斜撑的钢柱向南面倾斜了大约25度，用三根拉索和位于北面的桥体获得了不错的平衡体态，桥面的栏杆呼应了斜钢柱的角度，南北栏杆都向南面倾斜了大约20度，桥的跨度大约

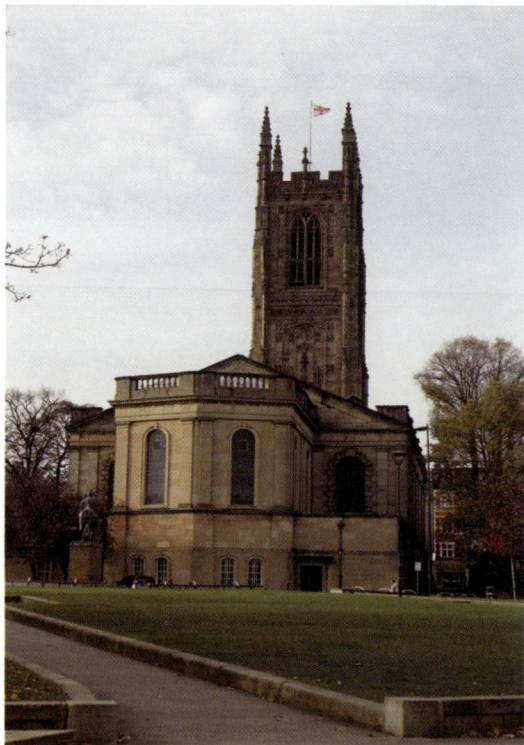

30米左右。因为我们有个课程作业就是设计一座桥，我又职业病地觉得，它几乎非常像我们设定的一个符合多方面要求的"标准答案"。正在我准备到北面拍一张逆光的全景就离开的时候，我突然发现了那个斜钢柱的落地并不那么简单，它还有个扇形的轨道。在我思考的时候，两个美女无比拉风地划着赛艇，修长优雅地从桥下面穿过，我才意识到这座桥是可以转的，这个轨道就是用来旋转整个桥面的支点，因为水面可能要通过更大的船。想通这点，瞬间对斜支撑和折桥面的设计击掌称赞，这个平衡体系不是简单地凹造型啊，它可以在旋转的过程中非常好地平衡整个桥面的旋转，南面的弧形栏杆的做法也迎刃而解，真是巧妙地天衣无缝啊。我查了一下google，这座桥叫"大教堂绿桥"（Cathedral Green Bridge），获过首相奖，造价420万英镑（当时约4200万人民币），我从网上欣慰地看到了桥旋转的照片。真让人既惊喜又感慨，在一个如此不起眼的地方可以看到如此精彩的风景，我拍下的那张桥和教堂的合影，就像它的故事：连接过去和未来（bridging past and future）。

教堂的室内没有太多让人惊叹的地方，志愿者老奶奶给每个参观者一张地图和介绍，并非常体贴地问我是不是需要其他语言版本的参观地图，看来她们的教堂的确名声不小。在入口处还写着一个小提示，大意是我们特别感谢参观者拍下美丽的教堂照片，并将这些照片分享给你的家人和朋友，让更多人知道这个美丽的地方。我在英国的三个礼拜，从来没有被告知不能拍照，即使在她们做礼拜的时候。当然这里人也很少看到拍照，我经常不好意思拍的主要原因大部分是因为自己看上去太搔首弄姿了。老奶奶听说我的职业，还介绍我去看后面一个天主教堂，她说那个教堂的历史非常有趣。

午饭我执意想找个有窗口可以看到教堂的饭店，所以不得不选择了一家比萨店，那个英式私房（home made）下午茶配英式小镇的画面只能留待下一个城市了。这家店的大玻璃看着教堂的感觉，实在太棒了，这张速写只花了5分钟，之后的时间都留给对着教堂发呆了。

我计划中的第二个目的地是德比博物馆（Derby Museum），离教堂非常近。当我走近的时候有些吃惊，博物馆门口竟然排着长队，而且竟然大部分都是年轻的父母带着孩子，有的甚至还坐在童车里。等我进到

博物馆的时候，更加吃惊了，有太多专门为孩子准备的项目了：看瓷器展的地方有一次性的纸盘子让孩子copy看到的图案，看动物展的地方有很多打印好的动物图案让孩子们填色，还有自由绘画区边上的一块软木板，上面写着"让你的想法在这里发芽（plant your idea here）"，plant这个词用得让人嫉妒啊！最让我惊呆的是，在一张著名的油画旁边的软木版上，有个孩子竟然临摹了一张大体相当的铅笔画！当我们国内孩子还在海洋球里蹦蹦跳跳的时候，这样一个小镇的孩子们竟然已经这样感受这个世界的一切，我翻看了一下我入馆时候拍的一句话：Living is like tearing through a museum. Not until later do you really start absorbing what you saw, thinking about it, looking it up in a book, and remembering because you can't take it all in at once. 我觉得我要用自己的看法来翻译一下：人生就像体验博物馆的过去、现在和将来，珍惜每一刻你所看到的、想到的和寻找的，因为过程才是我们人生的精彩。

今天的德比之行，意外惊喜，我所体验的一切跟我来之前的设想并不太一样，我以为是来看英国版江南水乡的，不想感受到很多新东西，混杂了自己复杂的反应，我希望有一天自己的速写能表达出这种丰富的体验。今天在博物馆的油画馆里看到一个画家Lowey的介绍，直接戳到了我的共鸣，尽管我的相机躺枪，他这么说：Well, a camera could have done the scene straight off. That was no use to me,...Most of my land and townscape is composite. Made up: part real and part imaginary...like things do in dreams.（是的，相机也许可以非常准确地记录场景，但对我来说并没有意义……我的大部分场景都非常复杂：一半真实一半想象……如同梦境一样。）

2014.10.28 后记

过去半午故地重游再回德比，我特意选择了它的开放日（Opening Day），可以爬塔。德比大教堂的塔楼开放是很特殊的，一年只有几天开放，因为没有志愿者来导游，此刻我已经游历过绝大部分英格兰大教堂，因此再看到德比大教堂的时候，我已经把它降级到我个人喜好的最差的一级，除了塔楼之外，它和伯明翰大

教堂并无太大大区别，特别是室内空间。但我思考的方式却发生了很大的变化：它的格局、它的风格发展历史和这些背后的原因是什么？所以我一进教堂问的第一句话就是：能不能告诉我这座塔楼的历史？（因为第一次来的时候他们告诉我这座教堂的塔楼是英国第二高，但事实上显然不是，说不定前20都排不进。）大多数英格兰的教堂都不是一次建成的，德比大教堂也不例外，大概可以分为三个时期建造而成，历史最悠久的是有着500多年历史的塔楼，建于1510—1530年，塔高212英尺（64米左右），共有189级台阶，在当时是英国第二高塔楼（It was then the second tallest church tower in the country at 212 feet）。教堂中有个比较特色的隔断，是在18世纪由James Gibbs设计、当地手工匠Robert Bakewell打造的铁艺中殿屏栏，一般的教堂是很少见在中殿作出隔断的（在西班牙的一些教堂中会有这样的空间分隔），这样的做法似乎在强调教堂最后背景的重要性。在教堂的介绍里，他们这样评价自己的屏栏：…Together they have succeeded in creating a truly unique atmosphere of openness and accessibility，这个评价充满了有趣的建筑学对空间的认识：做了隔断反而让人感觉到了开放性和进入性。后来我和牧师的交谈中才知道，很早以前主教做礼拜和普通人做礼拜是分开的，是有级别差异的，尽管后来这种制度消失了，但空间的分隔习惯却保留下来了。

正当我按照一般教堂的日照情况准备拍照的时候，我意外地发现我错过了正面的最佳拍摄时间，11点它的正面（东面）就没什么太阳了，看来这座教堂大门的朝向并不是正西的。

这座教堂还有个二楼的夹层，离吊顶很近，此时教堂正在进行吊顶的重新粉刷，他们正打算将原来粉红色的涂料换成白色，两位设计师正在讨论这样会不会好看。我又明知故问问他们，这座教堂是不是石头造的，他们回答我当然是，只是这座教堂的扩建正好在那个崇尚石膏的特别年代，白色成了理所当然的选择，而且那个时候德比还不是教区主教堂，所以经济的支持也是重要的原因，如此看来这个有点寒酸的风格也就情有可原。

老奶奶建议我参加11:45的爬塔，因为可以看12点的敲钟仪式。爬塔的时候，有个孩子问志愿者，这些历史悠久的石头上为什么刻着字，原来是很早以前采石的石匠把自己的名字或者记号刻在石头上，用这种方式来拿回自己的报酬。在高高的塔楼上，志愿者指着不远处一座有5个白色窗户的小教堂说，很久以前那里是一片神秘的森林，充满了未知和危险，进入森林的人们会在进去之前在这个教堂祈祷平安。在爬塔的过程中，我经过了这个Ringing Room平台，这个钟有点像八音盒的设计，只是更大型一点。钟是用军队的炮筒改造而成，每个礼拜7天，钟声并不相同，每一天都会被往前推进一点。

在这个电子时代，我们本可以用更高效和精准的方式播放音乐，但教堂的传统就是这样，哪怕用铁丝铁环进行丑陋的维修，也要保持着那种古老的仪式感，这让我尤其钦佩。今天的音乐是一首支持诺丁汉森林足球队的歌，志愿者遗憾地调侃说哪天我们有首歌可以支持我们德比足球队就好了。

德比大教堂对于钟声有自己很独特的见解，它的官网上说："They are the loudest of the servants that proclaim the presence and vitality of this marvellous building"，我觉得这段文字就应该直译为：钟声是最响亮的仆人，它们宣称着这座奇妙的建筑物的存在和活力。

Leicester Cathedral

莱斯特大教堂

　　莱斯特博物馆正在展出毕加索的陶艺作品（*Picasso ceramics*），这是我第一次看到毕加索用陶土和色彩叠加的作品，这个展馆不让拍照，本来我都很有修养地尊重他们的规定，无奈实在太喜欢其中的几件作品。车子都开在回家路上了，毅然选择折回博物馆，偷拍下了钟爱的几件作品。其中一件黑色陶土碟子，被拎起几条凸起，保留着陶工粗糙的断面，而作为人脸的高光部分，黑不溜秋中言简意赅的几笔颇有中国画的写意。看完毕加索的这个展，等我画莱斯特大教堂的时候仿佛也扭曲了起来，这是一张我觉得有趣的速写。

Leicester Cathedral.
SK. 14.3.1

2014.3.1 莱斯特大教堂 Leicester Cathedral

莱斯特，如果没有记错的话，小时候看英超的时候有个球队的翻译特别有英伦味道，叫莱切斯特城队，Leicester看起来的确这么读，不过准确的翻译还是叫莱斯特。到莱斯特的距离大概40+公里，不远。但是要换好几次高速，我还没有习惯这里高速总是用环路进行会车，结果我开错了路。但是开错路有开错路的风景，那些更乡间的小路总有别样的风土人情让你迷途知返，这里的蓝天是会让你觉得自己特别阴暗的晴朗，这里的雨是会让你无缘无故觉得自己就是个绅士般的潮湿，风景总像是在PS里随便可以开关的图层，下个坡就豁然开朗，转过弯便步移景异。

莱斯特的博物馆正在展出毕加索的陶艺作品（Picasso ceramics），这是我第一次看到毕加索用陶土和色彩叠加的作品，这个展馆不让拍照，本来我都很有修养地尊重他们的规定，无奈实在太喜欢其中的几件作品，想按照tesco超市最贵的碟子的价格买，人家又不卖，我说等我回国买个千手观音跟他们换，人家又不肯。车子都开在回家路上了，犹豫了好一会，还是选择折回博物馆，偷拍下了钟爱的几件作品。其中一件黑色陶土碟子，被拎起几条凸起，保留着陶土粗糙的断面，而作为人脸的高光部分，黑不溜秋中言简意赅的几笔颇有中国画的写意。看完毕加索的这个展，等我画莱斯特大教堂的时候仿佛也扭曲了起来，这是一张我觉得有趣的速写。在博物馆里还有一个很特别的展叫"open 25"，这里都是莱斯特当地年轻艺术家的作品，博物馆给他们展出的机会，用来培养当地的艺术家，这些作品都是出售的，其中看到几件很有创意的作品，举起的相机又再次被印度大妈神秘的微笑拦下。

周六的英国城市是最热闹的，比起德比来，莱斯特简直是个小狂欢的周末，一个英国老头看到我手里拎着相机，特意地招呼我给他来一张。很多街头艺人在最热闹的马路上吹拉弹唱尽情摇摆，还有家伙竟然用柴油点着三个火把在路边七上八下，柴油飞溅之处满地熏黑，这简直是用生命在玩火，于是我果断掏出硬币扔给他，没想到他还抽空看了我一眼说了声谢谢。在绝对中心的Haymarket Memorial Clock Tower，一个类似钟塔的标志性建筑前，竟然还有四个古巴大叔大妈手持木格栅，在投诉某些不公平待遇，我拿了一张他们的传单，还他

们一个安慰的微笑，随手扔在远处的垃圾桶里，希望他们早日平静。

　　莱斯特大教堂正在施工，教堂的背面和建筑的距离又相当地近，几乎就没办法拍张像样的照片。教堂的进门不远处放着几张教堂广场设计的效果图，于是我和牧师聊了起来。我问他干嘛要做这个设计，牧师告诉我因为希望这个广场可以容纳更多的交流，要像市中心那样可以让更多的人享受和教堂的交流，这个设计方案和预算是经过全体教徒们投票决定的。他还告诉我，教堂的室内因为有很多高差，所以他们把这些高差统统作平了。我那刚想点赞的冲动立刻也被平息了。教堂的室内石材粗大，彼此间的缝隙也粗大，不太精致。这种大教堂的力量感是小教堂里看不到的，英国很多教堂都采用尖券的结构，所以教堂的中心看上去就是一个个尖券的拱门相抵支撑，比起现代建筑的多米诺体系要丰富很多，当然空间也的确浪费不少。

　　离开教堂不远处，有一个有趣的遗迹"犹太墙博物馆"（Jewry Wall Museum），这是一段当年罗马人在这里修建的浴场，之所以说它有趣，是因为在遗迹的隔壁就是一座教堂"圣尼古拉斯教堂"（St Nicolas

Church）。当年建这座教堂的时候，因为缺少石材，所以将罗马人造的浴场拆除，就近造了这座教堂，这种反腐败的做法被人民广为传颂，石材焕发了新的生命。残留下来的这段墙耐人寻味，一共使用了五种不同的砖石砌筑方式，墙上的孔洞，是当年建造的时候为了搭建脚手架留下的，因为当时的脚手架不是简单地贴着墙体搭建的，而是直接穿过墙体，牢牢地依靠墙体一步一步向上搭建的，建筑工人就用这样的方式刻下他们到此一游的永久纪念。老墙体的前面早就只剩一片绿地了，穿越在绿地当中的是一段段墙根，看起来就像一张立体的平面图，只是那时候的墙厚得差不多可以满足人防的要求了，有一些厚墙还是空心的，这显然是个不能多想且有用心的设计。遗迹没人保护，小孩肆意爬上古墙，随便蹭落的尘土四下飞扬，其实这个态度我也支持，遗迹总应该随着时间而消亡，给新的遗迹一点出头的机会。

　　莱斯特一处工地，施工的围栏和普通的围栏不太一样，也没有像有些大幅的标语写着XX第四建筑工程公司，法人代表XXX……而是一幅幅普通人的肖像照，走到门口才看到这个说明：莱斯特是一个有很多社区充满活力的城市，这些照片里的人都是生活在莱斯特的居

民，摄影师Paul O'Leary希望用这些图片反映生活在不同社区的人们紧密联系在一起，把让人讨厌的建筑工地变得这样充满情感真是出乎意料。看到我盯着这些肖像看，在街道旁座椅上的一对老夫妻一边晒着太阳一边和我打招呼。我问他们在干嘛，他们说要去看球，我有些不敢相信，这时候老太太拉出了她莱斯特城蓝色狐狸吉祥物的围巾，告诉我她从18岁开始就是莱斯特城队的球迷。我越发觉得这些英国小城的人们，虽然并不摩登，但自信执着，热爱着自己的信仰，秉承着城市的传统，活在自己快乐的世界里。

我的车就停在莱斯特大学旁边，远处就是大片草地和运动场所，莱斯特大学的图书馆是个获奖建筑，因为女皇亲自剪彩而名声在外，我和管理员说我想进去看看这栋建筑，她微笑地帮我打开了出入口闸机。图书馆非常安静，周六仍然有很多学生在看书或者讨论，建筑没有想象中的精彩，但是这所可以进入200强的大学图书馆依然流露出优秀大学庞大和有序的架构，无论那些挂在走廊的水彩画，还是吊顶上设计特别的吊灯，都在平静中展示着精致。

今天的太阳格外刺眼，在我遇到第一个教堂，拍逆光照片的时候，建筑黑成了一片，天空正好飞过一只鸟，画面成了一幅美丽的剪影，于是今天在莱斯特拍了不少剪影的照片，记录了这个城市的形状，莱斯特一定就像它的剪影一样，平面中充满了立体的想象。

2015.1.2 后记

2015年新年我再次重回到莱斯特，弥补我对前几个教堂的阅读不足。但是令人遗憾的是，第一次来的时候，教堂在进行外立面和广场的修缮，而今天来的时候室内在进行理查三世的陵墓修复，我终究错过了最好的莱斯特大教堂，但是我却听到了最好的故事，这大概是莱斯特和德比最大的不一样了：理查三世国王于1452年出生在Fotheringhay，理查德的哥哥是爱德华四世国王，通过婚姻和土地收购，理查德拥有了英格兰的很多土地，包括莱斯特郡、约克郡和威尔士的许多地方。1483年爱德华四世去世，理查德作为年幼的爱德华五世的辅臣，篡位夺权登上了王位，把他的两个侄子软禁在伦敦塔，自己加冕为英格兰国王。他国王生涯只有短短3年，生命的最后一战就在莱斯特，在与反叛的亨利都铎军队进行战斗中理查德不幸遇难，并被草草埋葬在靠近圣马丁教堂（就是现在的莱斯特大教堂）的方济

会修道院（Greyfriars）。随着亨利八世的宗教改革，修道院被大量拆除，理查德的墓碑等信息也被一并移除，遗骸直到2013年才被发现，教堂官网隆重地表示：理查三世的遗体在莱斯特大教堂重新获得了尊严（The mortal remains of King Richard III are reinterred with dignity and honour in Leicester Cathedral）。事实上，我觉得是理查三世的遗体让莱斯特大教堂重新获得了尊重，莱斯特的重建和装修很好地诠释了中外通行的"山不在高，有仙则灵"的亘古不变真理。

总体来说，莱斯特和德比都属于乏善可陈的小教堂，但在平面的制式上它有一个和别的教堂大相径庭的地方，就是它的唱诗班并不是位于西面，而是位于教堂的东立面，往往东立面是一个教堂的主入口或者是最隆重的入口，入口空间的开阔性是非常重要的，所以像莱斯特这样采用压低入口空间的做法，让教堂缺少了空间的气势。另外在平面上，它也不是标准的十字型平面，而是有明显的加建痕迹，如果按照高耸的塔楼位于十字平面中心的惯例，在它的南侧显然进行了很大的加建，这显然是小教堂在修道院的格局下变化，从平面的结构上看，加建的走廊（aisle）已经完全融入整体结构中，大型的教堂通常会在中殿两侧的走廊外设置飞扶壁以支撑中殿屋顶的绝大荷载，而因为扩建没有空间设置飞扶壁的莱斯特大教堂，只能无奈地选择采用木结构的中殿屋顶，当然另外一个原因可能是在维多利亚时期，莱斯特还属于彼得伯勒主教堂（Peterborough）管辖，而它的顶部也是木结构。可见这种平面中的南北翼消失，变成臃肿的矩形的教堂，往往都是这些1900年后被册封为主教堂的小教堂变身的无奈之举。

看完教堂气温已经降到零下1度，我在室外找了个最佳的角度架上三脚架，陪着莱斯特大教堂从下午阳光明媚一直到华灯初上，每1分钟拍一张，一共拍了几百张照片，抖抖索索中我用这样一种残酷的喜欢完成了大教堂的唯一的一次时间切片拍摄。冬天的太阳特别低，加建的南侧的玫瑰窗在室内投下了漂亮的彩色影子，日复一日，年复一年，周而复始，如同这座城市的心跳一样（A beating heart for city and country）。

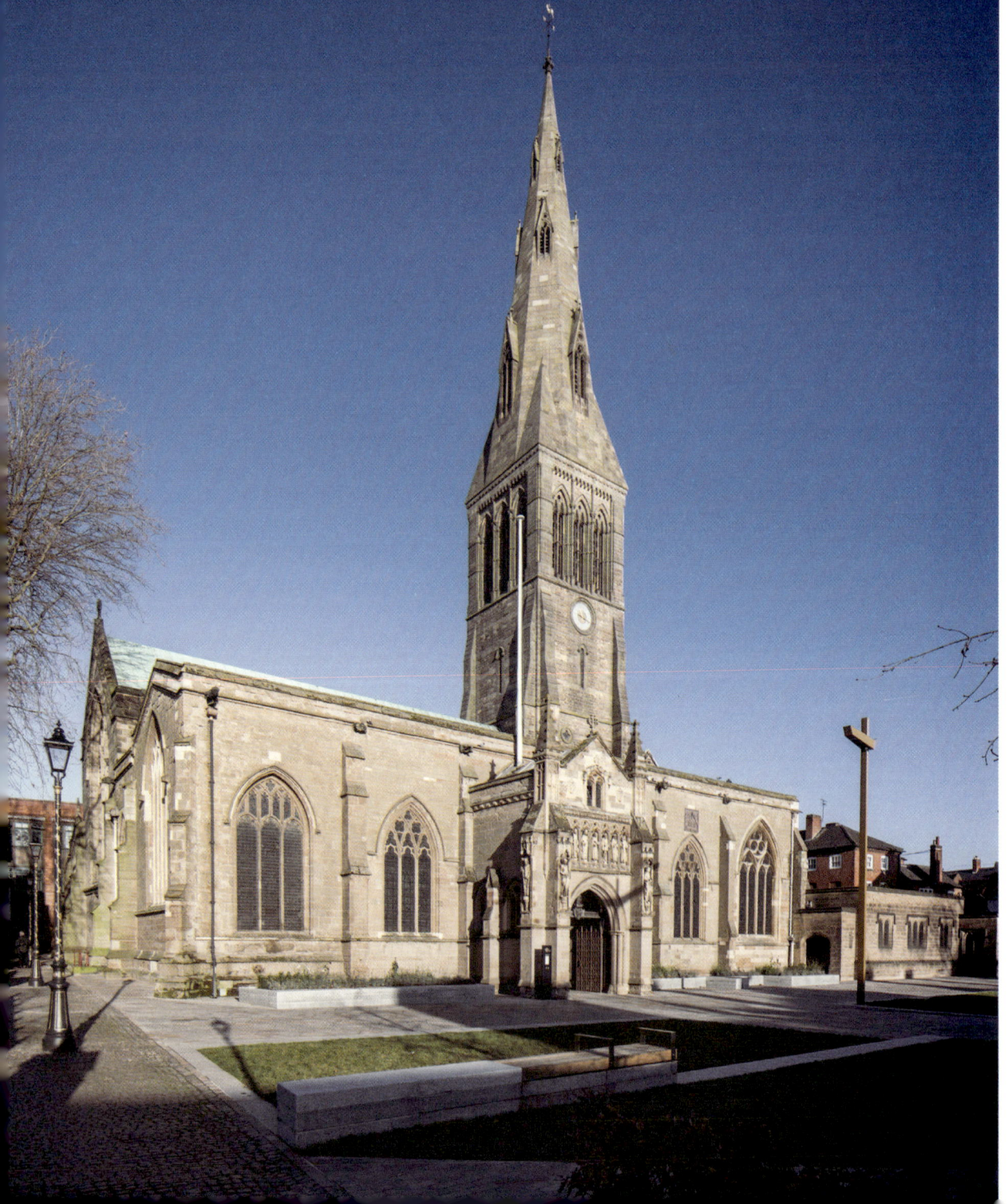

Southwell Minster

绍斯维尔大教堂

　　等我走出教堂，阴天不知道什么时候已经变成太阳高照了，整个教堂也变得生动起来。我再次沿着教堂四周走了一圈，并盯着一个十字架上的小虫子拍照的时候，一个英国佬过来跟我说这个是西班牙传过来的甲虫（ladybug），它入侵了我们的领土。哈哈，教堂跟这小瓢虫有时候也挺像的，你们的教堂不也是欧洲大陆"入侵"过来的吗？

Southwell Minster
S.K. 08/03/2014

2014.3.8 绍斯维尔大教堂 Southwell Minster

每次周日去教堂看他们的礼拜，都会有人问我去了英国什么地方，我总是说教堂。除了伦敦以外，很少在这些附近的小城镇看到现代建筑，看教堂就成了唯一选择。那天 Elisabeth 跟我说应该去看看绍斯维尔大教堂，它是整个 Nottinghamshire 最大的教堂，Nottinghamshire 我们经常翻译成诺丁汉郡，郡是一个地区的意思，而诺丁汉则是整个诺丁汉郡的中心城市。

绍斯维尔在一个比较偏僻的地方，因此一路很少有双车道的高速路，在英国高速的限速有两种，一种是只有两根道，最高时速60迈，大约100公里小时，一种是双向双车道或者以上的，最高时速70迈，大约120公里小时。去往绍斯维尔的路大部分都是乡间小路，有的可以开到60迈，很多路都是弯路而且经常两辆车呼啸而过，看上去还真有些极品飞车的感觉。不过大多数时候，车都很少，一路的风景非常漂亮，我有好几次都想停下来好好看看，小路蜿蜒起伏景致非常特别。偶尔会经过一些小小镇，路上会有很多起伏的减速带或者一块块楔形的水泥块，立刻就要减到30迈。从城市进入这样的乡间小路的时候，我竟然以为仍然是单向双车道，于

是变道到右边，直到看到对面一辆车远远地开过来，后来我才慢慢理解中国人眼里的乡间小道，就是英国乡村的主干道，因为英国大部分城市就像小乡村。

绍斯维尔大教堂旁边就是一个提供2小时免费停车的地方，在英国停车基本上都是无人值守的"pay and display"。停好车，到自动机器上按停车时间和价格投硬币，把打印出来的纸放在车子的挡风玻璃内，如果你企图侥幸偷停，可能会有非常重的惩罚，这个制度可以被执行的原因到底是文明的发达还是惩罚的成本？英国免费停车的地方非常少，不投币怎么出票呢？看出我纠结的老奶奶告诉我直接按打印键就是免费的票据了。绍斯维尔和后来我去的纽瓦克（Newark）都是比较乡下的地方，停车相对便宜，2镑可以停4个小时。

绍斯维尔大教堂是1884年成为大教堂的，这座教堂同时给诺丁汉郡北部Dukeries地区的煤矿城镇的农民和南部工业城市诺丁汉的大学医院的城里人提供礼拜场所，是随着城市发展应运而生的教堂。但实际上Minster意味着一个很高级别的教堂（只有北方教区的约克York和南方教区的坎特伯雷Canterbury才是真正的Minster），由于历史的原因，本应叫Southwell Cathedral的教堂也就阴错阳差地一直保留了Minster的称号，在教堂的官网上是这样解释这个词 "Minster" means the main,

largest, church in an area，显然这样的解释并没有准确地表达出Minster的等级意义，倒暴露了欲盖弥彰的露怯。

　　教堂的外立面非常普通，缺少这种尺度的教堂应有的细节，教堂周围的几片绿地上都是墓碑和坟墓，阴冷的早晨走在这样的墓地心里难免掠过一丝淡淡的晦气，但西方的教堂永远都是和墓地密不可分的。教堂的四个面因为有不同的日照，石头的风化和锈斑的程度差别很大，背面的立面因为日照少而潮湿，所以会有更多的苔藓和雨水的痕迹，而东西面和南面相对就更干，石头的时间印记迥然不同。

　　教堂的平面多为拉丁十字，就是一长一短的十字，而教堂的入口往往都会设置为南北两侧上，而不是东西的长十字端头上，前面或者后面是高耸的钟楼，长向的端头经常就是牧师主持的背景或者耶稣的雕像。教堂西立面的两个塔楼竟然被描述为胡椒瓶姐妹塔（the twin pepperpot spires），不过塔尖端的设计过于简单，这让我替胡椒瓶颇为不平。原来的两个塔尖要比现在的胡椒瓶高很多，比例也更加修长，因为安全问题在1805年被拆除，直到1880年大概因为被册封为cathedral的光荣照耀下才得以重获新生。教堂的北侧入口大门大概有

四米高，让我有些惊讶的是这个巨大的门扇重复的椭圆形图案是在一大面木头上生生挖出来的，残留在门扇上的是刀斧挖出的机理和手工打制的连接铁件，尽管已经褪色到无法看清什么木材，但依稀可以想象出当年的气派，这扇巨大的木门告诉我，这间教堂的室内一定不同一般。

　　果然一进门，就有个神职老奶奶，盯着我的相机说，我们这里拍照是需要付费的，我心里一时不能接受，于是说我先看看再决定是不是拍照。才走没多远，我就决定这5镑一定要给，这个教堂的装饰非常精致。付完钱，神职阿姨告诉我下次再来的时候记得带着票，可以重复使用。有时候真觉得英国人非常的教条和执着，又异常的善良，但是有规则的生活会让你变得省心很多。我后来看完教堂问她是不是有平面图，她找了半天竟然帮我找到一张A3大小的有比例尺的手绘建筑平面复印件，她说因为我付了钱这张图可以送给我，我如获至宝，准备用6镑的价格卖给我教外国建筑史的同事。

　　普通教堂的室内基本都是由各种拱券简单支撑，出彩的地方一般都在顶面的处理和拱券空间的形态上，这个教堂除了以上两点外，在线条的处理显然花了很多心思，似乎看到了顶级教堂才有的那种精致。据神职阿姨

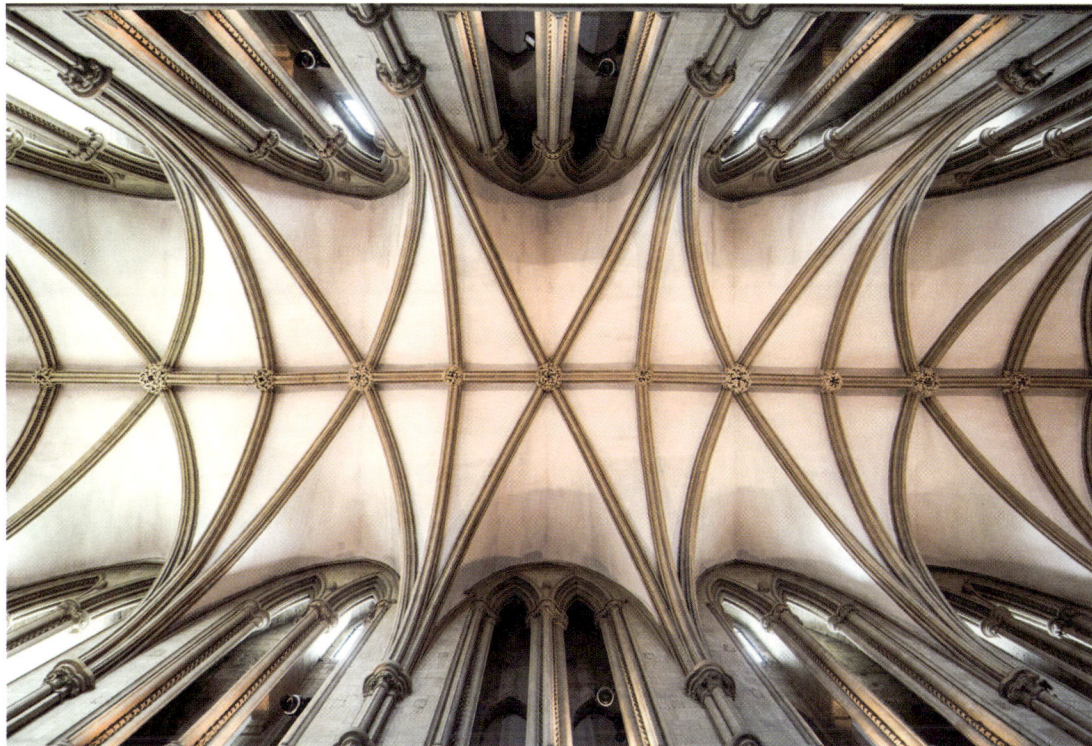

的介绍，这些装饰基本都是以自然植物为主题的创作。绍斯维尔的叶子（Leaves of Southwell）成为教堂的特色之一，在官网上，她们还有一个教堂标志的叶子图案，更让我觉得精彩的地方是这些装饰的线条，它不是简单的浮雕，而多采用了镂空的雕法，叶片立体感非常强。可惜周六晚上有唱诗班的表演，教堂中间放上了台阶座椅，不能一睹教堂室内全貌。越靠近背面的主背景，感觉装饰的精细程度越高。

教堂里一组有趣的小雕塑，大概十几个，讲的是一个圣经故事，大概就是耶稣被钉上十字架的前前后后，雕塑做得很有现代感，材质似乎是玻璃钢喷漆，构图和处理手法挺有设计感觉的。教堂的椅子看得出也经过了特别的设计，椅面不像普通椅子是平的，它由两个斜面组成，坐上去挺舒服的，椅面下面是个格子，正好可以放进一本圣经。

高潮在一个似乎是加建的教士礼拜堂（Chapter House，往往是附属在大教堂角上的一间独立的小空间，旧时常用于开会），这是一个八边形的小厅，小厅沿着四周放置了20来张固定的椅子，椅背上都刻着字。神职奶奶又再次骄傲地出现在我困惑的时候，她告诉我之所以这座教堂是附近最重要的教堂，就是其他地区的

教堂的主持牧师（Vicar）会在某些时候集中到这里来开会，椅背上的字就是地名，这原来就是英国版的地方"人民大会堂"。在英国的York教区，南面就是以这个教堂为中心，北面是以约克大教堂（York Minster）为中心。我很怀疑为什么这么重要的一个教堂会放在一个这么偏僻的小镇上（事实上等我参观完所有大教堂之后，才发现很多漂亮的教堂并不在现在所谓的大城市里）。Southwell位于一个浅水盆地，西边和北边是山丘，向东面对特伦特河谷。水很多，有许多泉水，是一个十分隐秘的地方（用他们官网的原话：Said by many to be the best kept secret among the forty-two English cathedrals）。教士礼拜堂由于宗教的各种恩仇导致教堂遭受了很大的破坏，她指着一个鼻子被刀剑划掉的雕塑说，当年这个房子所有的玫瑰窗都被破坏掉了，你看看这个这么精致的空间里玫瑰窗为什么这么简单，那些镶嵌在普通玻璃上的彩色玻璃就是当年残留下来的碎片。我说你们可以复原让游客看看当年的样子啊，她淡淡地说："It is not the English style.（这并非英国做法）"，瞬间又被揶揄地文化尽失。有时候在和教堂神职人员的聊天，往往不单单是为了了解教堂的历史，而是想感受一下她们是如何看待自己的教堂的，所以那些

谦卑和常规的问题，往往是打开她们兴奋点的关键。

等我走出教堂，阴天不知道什么时候已经变成太阳高照了，整个教堂也变得生动起来。我再次沿着教堂四周走了一圈，并盯着一个十字架上的小虫子拍照的时候，一个英国佬，过来跟我说这个是西班牙传过来的甲虫（ladybug），它入侵了我们的领土。哈哈，教堂跟这小瓢虫有时候也挺像的，你们的教堂不也是欧洲大陆"入侵"过来的吗？

2014.9.20 后记

半年后，因为来St.Stephen Church做实习神父的詹姆斯就是在绍斯维尔大教堂工作，所以这天他组织大家去参观这个教堂，顺便也听他解释了绍斯维尔大教堂的由来。在几百年前，Minster并不像现在有这么森严的等级意义，它可以是一个重要的教堂，一座容纳僧侣其他生活的修道院或者一座带有教学意义的学院派教堂，还有另外一种说法就是官网上说的约克大教区地理学上的原因。而尽管已经成为大教堂级的主教堂，它还是沿用了它的历史名字Southwell Minster。

这次我还获得机会爬上了在十字架平面中心（crossing）上方的塔楼。这座塔楼的楼梯开口和大部分教堂的塔楼入口不同，是从南侧耳堂（Transept）出去后的一个室外的小门进去的。穿过南面耳堂两侧墙体内的走道，就进入了教堂钟塔的平台，因为有詹姆斯这个内部工作人员的照顾，我还第一次通过拉动下层的绳索敲响了上层教堂的钟声。詹姆斯对于教堂的讲解除了大概的历史时期的解释外，还带有很多细节，比如主祭坛木刻栏杆上小老鼠的雕塑、唱诗班的吊灯是可以拉上拉下的、神父讲台上的布是会根据不同的节日更换，甚至他还帮我们打开了一个小礼拜堂里的储藏间，看当年吃圣餐的银质杯子和各色十字架。当天又恰逢他们的收获节（Harvest Festival），教堂弥漫着一股胡萝卜的味道，中殿空间的讲台上铺满了各种农作物，配上顶面摊开双手的耶稣更像在讲述一个完美的圣经故事。

当我第二次参观完绍斯维尔大教堂后，已经是我的大教堂之旅的尾声了。绍斯维尔大教堂已经无法像第一次看到的时候那样打动我了，甚至我都觉得它的精美程度只能排在中等偏下水平了，但是以"外貌协会"成员身份，我的评价也许并不公正，因为有着悠久历史的绍斯维尔大教堂保留了很多诺曼时期甚至更早的建筑，所以它不如后面的哥特风格那样漂亮也算合情合理。

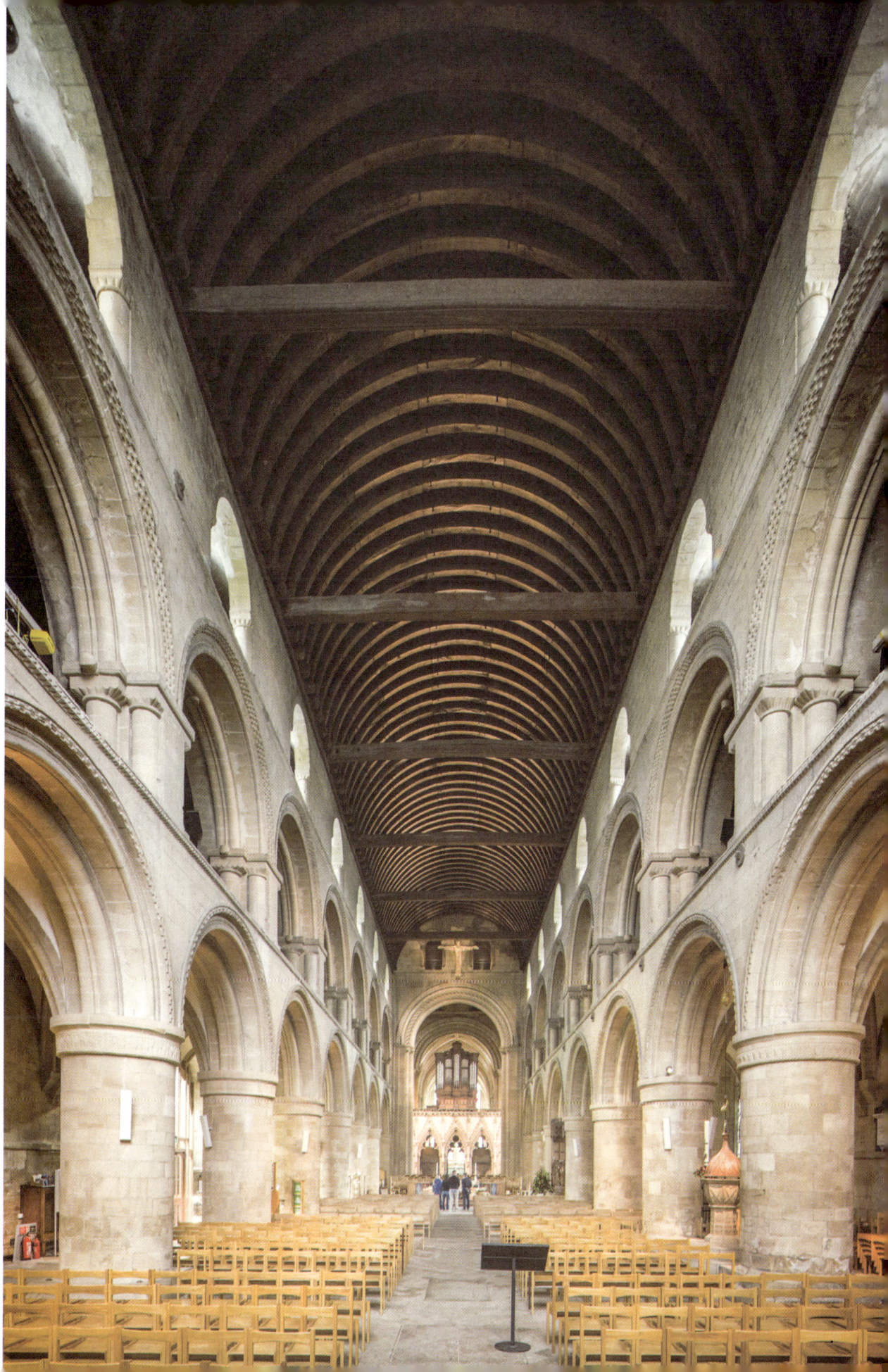

Lichfield Cathedral

利奇菲尔德大教堂

回想起中午我坐在教堂门口的长椅上吃三明治，旁观一对夫妻带着很小的孩子在草地上晒太阳，远处一个络腮胡子的男子牵着狗在发呆，零星的游客拍着照片，整个教堂只有半点的钟声发出点声响，剩下的就是一片寂静。下午在国家纪念碑林里，大家行走缓慢，偶尔低声耳语，又是非常安静的气氛，几乎一天没听到什么动静。想起今天看到的一句描绘英国精神的话，当时德国人轰炸伦敦，英国政府准备一旦被德国人占领，就将传单随时发给人民，它这样描述英国人，低调刻板善于隐忍，这句话是：负重前行（*keep calm and carry on*）。

Lichfield Cathedral
SK. 14.3.29

2014.3.29 利奇菲尔德大教堂 Lichfield Cathedral

英国一共有44个地方的教堂可以称为大教堂（Cathedral）。自从在网上看到这个介绍以后，我无法抑制自己要把他们全部看过一遍的欲望，拈指算来离诺丁汉最近没去过的就是利奇菲尔德了。在利奇菲尔德大教堂的官网上用这样的话来描述这个完全不知名的小镇：A hidden treasure in the heart of the country，我觉得用中文大概可以翻译成：心肝宝贝。

整个利奇菲尔德就一条大马路，沿着它走远远就看到教堂的塔尖，教堂正面偏西，所以早上10点的时候正好背着光，拐弯过去就看到教堂暮霭沉沉地蹲在那里。今天我带上了移轴镜头，来了两个月了，一次都没用过，实在是因为操作有些麻烦，等我给相机换好镜头，差不多都走到可以看清楚细节的距离了。第一眼看到利奇菲尔德大教堂的时候我惊呆了，这是一座非常精彩的教堂，是英格兰大教堂中少有的拥有三座尖塔的建筑，正立面两座，十字交叉中心一座，整个东立面布满了雕塑（后来在教堂里看资料才知道一共有83个雕塑）。立面的石材有一些发黑，很容易让人联想起柬埔寨的吴哥窟的感觉，但是它的陈旧又不像吴哥窟那么衰败，整个建筑保持得非常完整，如果不靠近慢慢看，几乎察觉不到它破损的痕迹，以至于我进教堂之前忍不住地感慨在这样一个小镇竟然可以保存这么好的一个教堂。

教堂的体量尽管仍然是拉丁十字平面，但在立面的处理上要比我之前看过的很多教堂丰富，不仅有很多垂直于墙面的片柱丰富立面，而且在侧面上我第一次在英国看到了飞扶壁的支撑。这些垂直墙面的柱子上依然雕刻了很多雕像和有趣的雨漏兽，据说这个排水口的雨漏兽是英国建筑师最爱玩的彩蛋，各种呕吐表情让人会心一笑。在大教堂周围，一共有160多个华丽的雕像，包括国王、王后和圣徒。

来这里参观的人不多，但门口的女神职依然熟练地递给我参观指南，简单地跟我说了应该按照怎样的流向参观，并给了我一张立面上每个雕像分别是谁的详解。教堂里一群孩子正在练习合唱，高低音部的配合让整个教堂为之跳跃，每次在大量石头材料的教堂里听到音乐的时候总是有很好的音响效果，这似乎不太科学。教堂的室内比外立面稍微逊色一点，但依然有很多精彩的细节。和上次去绍斯维尔大教堂一样，这个教堂也有一间

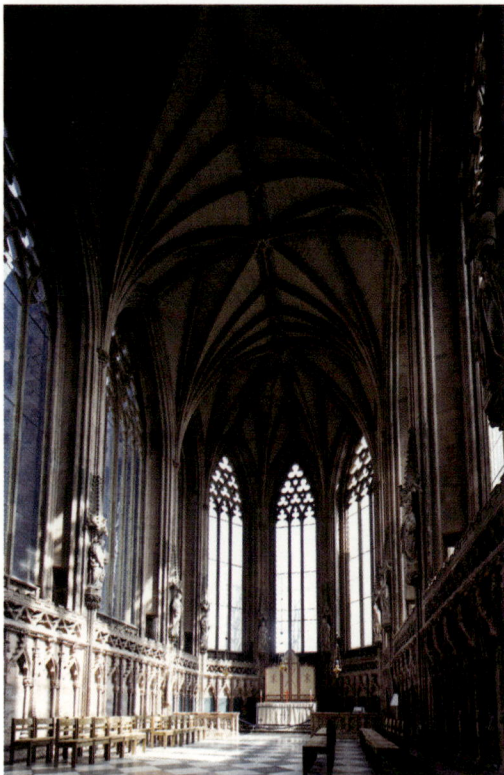

叫教士礼拜堂（chapter house）类似加建的小房间，里面放着这个教堂历史最悠久的一本书，上面的英文非常怪异。另外是一块当年留下来的石头，房间里有个很优雅的神职人员，看管着这些文物并向游客介绍教堂的历史。通过和她交流我才发现，这间教士礼拜堂不仅在空间上像，功能也一样是给各种牧师（vicar）们开会的。最让我受不了的是，这个房间里的雕塑也一样被破坏者用刀削去一部分，然后那些藤蔓的雕塑里也藏了一只教堂里的猫（在绍斯维尔是猪），弄得我开始怀疑这个故事的真实性了。在这间房间的南面有一幅残破的彩画，她告诉我以前这座教堂的墙面顶面是彩色的，就像这幅残留的彩画，到处五彩斑斓，后来又是那段崇尚白色石膏的年代（在曼城的大教堂里听神父提到这段历史），竟然把所有的彩画用白色的石膏覆盖，一直到维多利亚时代，才把它们冲刷掉，所以你会看到那些石膏线条交接的地方黑黑的就是当年彩画的残余。她顺便也回答了我为什么这个教堂保存那么好，尽管这个教堂有上千年的历史，但破坏很严重，基本上在维多利亚时期，也就是1800+年间进行了重建，那些损坏的石材都会被做旧之后再补充上去，于是看上去才显得如此完整。在饱经沧桑的教堂回顾历史的时候，不禁感概：梅花香自苦寒来（教堂官网：After all its often tumultuous, even savage, history Lichfield Cathedral today stands serene in majesty and lively in all its work and worship）。

我告诉她这个教堂差不多是我在英国见过的最漂亮的教堂了。她问我去过哪些，我"Derby"一个字还没说完，她就不屑地说这个教堂不行，你要去伦敦的Westminster还有最南部的一个教堂（我当时没记住名字，大概是Canterbury）。我说我下周去Lincoln，她点头赞许说这个还不错。看来在她心里，英国可以称得上漂亮的教堂，也就寥寥几个。最后她非常激动地告诉我，她去过上海、厦门、香港，中国很多的寺庙也非常漂亮。然后我坦白地告诉她，你看到的都是新古董，中国的木建筑很少可以保留这么长的时间。因为特别喜欢这个教堂，我拿了一根白色的长蜡烛，点燃后插在烛台上，写下给家人的祝福，折起来放在旁边的篮子里，谢谢教堂给我一个特别的祈福之地。

今天又是一天没看过一个中国人，尽管利奇菲尔德如此冷门，但我想终于可以在我的英国攻略上，写下来英国必去第一个"十佳"（top 10），如果你经过伯明

翰，一定不能错过这座教堂。

离开教堂我前往8公里外的国家纪念园（The National Memorial Arboretum）。这是一个二战以来为国捐躯英雄的纪念碑，纪念碑由两个半圆、两边直墙和一个方尖碑组成，形式非常简单，但肃穆宁静。在右边半圆的中间开了一道口子，上面写着每年11月的第11天的11点，太阳会从这里穿过。我问管理员为什么是这天，他告诉我这是二战结束的日子，这一天的太阳会穿过那道缝投射到纪念碑中心的那个黑色花环上。我还遇到了一个老兵，已经89岁了，他告诉我他参加了1944年的诺曼底登陆，如果这样算他当时只有19岁，他胸口挂满勋章，穿着军服带着军帽，他说他每个礼拜都回来看他的兄弟。旁边还有两个坐在轮椅上的50+的中年人似乎也在回忆着什么。在中心纪念碑同心圆四周，还有一些零星的纪念物，其中有一件非常特别，它由十四块围成一圈的大大小小的石块组成，石块的一个角被削去，钉上了一块不锈钢板，上面间隔着写着英国城市的名字和德国城市的名字，这两个国家的恩怨就化解在这个如此简单的纪念物中。离开这个纪念碑的时候，我突然想

起为什么这个纪念碑是从二战以后开始的。门口的年纪很大的工作人员告诉我，因为一战在很多地方，甚至很小的village都有自己的纪念碑了，所以就不再专门为一战设置纪念碑了。

回想起中午我坐在教堂门口的长椅上吃三明治，旁观一对夫妻带着很小的孩子在草地上晒太阳，远处一个络腮胡子的男子牵着狗在发呆，零星的游客拍着照片，整个教堂只有半点的钟声发出点声响，剩下的就是一片寂静。下午在国家纪念碑里，大家行走缓慢，偶尔低声耳语，又是非常安静的气氛，几乎一天没听到什么动静。想起今天看到的一句描绘英国精神的话，当时德国人轰炸伦敦，英国政府准备一旦被德国人占领，就将传单随时发给人民，它这样描述英国人，低调刻板善于隐忍，这句话是：负重前行（keep calm and carry on）。

　　这本书的游记和照片并不是平行发展的，而是一个慢慢发展、深入学习的考察，在前几个教堂中，我的关注点甚至是整个城市的印象，从利奇菲尔德开始，我第一次使用了移轴镜头，但是看得出竖直线条并不垂直，对镜头的了解还很肤浅，就像对教堂的了解一样。

　　这篇游记中我坚定地认为必然是所有大教堂中的十佳，可当我游历完所有44座大教堂之后，发现这个结论显然下得过早了。

Peterborough Cathedral

波得伯勒大教堂

  这座火车站差不多就是这个城市的缩影，这就是一个小城的小火车站，也不扩建也不建两层，但设备非常精良，装修也很现代和精致，就像它的城市一样，并不像大城市那样建高楼大厦，但会把城市的每个角落都做得很到位，生活方式却依然是小城的模样。当我坐着只有两节车厢的火车从这样一个小城离开的时候，不禁又眉飞色舞地喜欢上自己现在这样的生活节奏。

Peterborough Cathedral.
S.K. 2014.4.2

2014.4.3 彼得伯勒大教堂
Peterborough Cathedral

彼得伯勒这个中文的名字听起来散发着一股伏特加的浓烈味道，这个地方连我那个待在英国已经十年的朋友都不知道，我想这里应该是一个地广人稀的彪悍小镇吧。本以为今天又会是见不到中国人的一天，不想在火车上就遇到了好几个。踏上每个不同的城市，第一感觉总会有很大的区别，如果我用踏上跑步机的速度来形容的话，伦敦可能是8，谢菲尔德可能是3，德比几乎是0，而彼得伯勒意外地应该是6。我一下火车就被匆忙的人群带领着出站，门口出租车排着队等客人，旁边的停车场停满了车，这个城市的节奏出乎我的预想，连火车站门口的城市地图都画得非常清晰和有设计感。

彼得伯勒大教堂离火车站非常近，穿过一个大商场就可以远远地看到教堂的塔尖。在进入教堂之前，有一个城市的小广场，西面是另外一个小小的礼拜堂（chapel），紧挨着一个1600+年间的老建筑，上面挂着各色鲜花，广场上人不少，角落里一个别着蓝牙耳机的老头大声地和另外一个老头喝着咖啡聊着什么。广场的四周开着汇丰等各色银行，麦当劳和汉堡王，远远地

还看到中国字的超市和中国餐馆，这个小城的现代化程度远远超过了我去过的好几个小镇。

公元600年左右，彼得伯勒大教堂是英格兰最重要的中世纪修道院之一，苏格兰女王玛丽和亨利八世的第一任妻子埋葬于此。它和杜勒姆大教堂并称是英格兰最好的诺曼时期的大教堂，尤其有趣的是，建造彼得伯勒大教堂的工人恰恰是经历过杜勒姆大教堂建造的石匠（mason，职业上可以理解为建筑师的前身），而且他们还带来了更新的肋骨拱（rib vaulting）技术用于南北两侧的走廊中，当然这个时期的肋骨拱还非常粗大，是一个过渡时期的产物，更多地在展示建造技术的雏形。

彼得伯勒大教堂的总体印象就是一个大立面，立面有三个巨大的拱门（gigantic arches），这个设计概念可能来源于林肯大教堂。它的西立面有五个大小不一的拱门，在拱门中间的门廊是因为立面出现了前倾的结构问题而在1380年增加上去的。教堂右侧有不少小房子贴着它，而左侧又被树和另外一堆小房子遮住，很难拍到一张可以反映它体量的照片，因为正立面的加大，原来拉丁"十"字的平面都不得不变得很"土"了。南侧连着教堂的很多小房子原来是教堂的僧院，在历史上经历了两次摧毁，一次是1116年的火灾，一次是亨利八世的

宗教改革。现在旁边还有食堂和宿舍的遗迹，只是改成了各种服务用房。还有一间叫Wedding Room，所以无法像参观其他教堂那样可以沿着教堂先环顾一圈，当我执拗地非要绕过去的时候，才发现不得不通过城市道路才能再次回到教堂的入口处。

我慢慢发现，很多教堂的主立面都朝着西面，据说这是为了主教早晨在东面主持礼拜的时候可以被逆光神话。有些教堂会把西立面称之为the west front，也就印证了西立面往往就是教堂的正立面，这座教堂的西面是三折面收头（triple-apsed east end），显然靠近欧洲大陆的城市会更受到法国教堂的影响。从专业的角度看，早上的太阳从南面打进教堂侧面的时候，室内的光感要比正午的时候要漂亮很多，所以去教堂应该早上去参观室内，这时候正立面往往处于背光状态，中午过一点太阳开始照射正立面的时候去看室外。建筑的很多线脚已经被磨损到没有棱角，很多雕塑的细节已经风化到难以辨认的程度，整个教堂显得非常陈旧。教堂立面的凹凸动作幅度很大，正立面上推进的三个拱门空间，差不多已经算一个标准的入口灰空间了，即使是北面的一些立面小窗的凹进尺度也非常大。

教堂的四周全是墓碑，一个不小心你可能就是踩在上千年的灵魂上，旁边的告示牌上善意提醒着：这是埋葬别人的地方，请保持应有的尊重。墓碑附近盛开着姹紫嫣红的鲜花；还有洒落一地的樱花瓣，似乎在述说着钻出泥土万物复苏的墓碑前传。教堂的立面有三处有日晷，但是不知道为什么被刷上了白色的油漆，立面上就像贴了块膏药一般刺眼和难堪，日晷的时间也不太准确，大概差了半个小时多，教堂主持的品味瞬间一落千丈。

一进教堂，就有神职人员热情地迎上来，先递过来一个捐款的小信封，然后告诉我如果要拍照请付3镑，还有一本教堂介绍的小册子也是3镑。今天是我参观这么多教堂以来第一次碰到旅游团，当我坐在椅子上摆弄相机的时候，一个老阿姨好像是摄影爱好者，她跟我聊了两句，原来她们是从林肯过来的旅游团，看来这座教堂如此娴熟的致富手段全是因为这已经算一个旅游景点了，这让享受宁静的我陡生些许失望。

这座教堂内最漂亮的是两处帆拱（fan vaults），一个是教堂平面十字交叉处的最高处的顶部，由正方形平面等分的八根柱子分出的密肋支撑，吊顶上有一些彩

绘，但是这个吊顶实在太高，看得我的颈椎病都快痊愈了也没看清楚。另一处位于教堂的最东头，在主教禁区后面，层高较低，密密麻麻的帆拱肋展示着漂亮的几何精度，这里的柱子因为位置不同，又分为90度、180度和270度三种密肋，每15度一根肋条，用圆弧收头，再用矩形拼接，这个顶部是这个教堂最耐看的地方。它的设计者是John Wastell，他更出名的是后来在剑桥的国王学院礼拜堂设计的垂直式哥特设计，几乎可以说是英国最复杂的哥特设计。我在这个最安静的角落里坐了许久，听完教堂的音乐，又听了一场礼拜，我在旁边干净的烛台上点上唯一一根蜡烛，看着这个顶部的细节，不知道是雕刻好花纹再放上去的，还是先支撑好石头结构再倒着脖子雕刻的？我估计后者的可能性更大些。这么精彩的细节，竟让我流连忘返。

教堂的中殿顶部是木结构，这在大型教堂中是比较少见的，尤为珍贵的是，这些木质天花板和上面的彩绘从1238年一直保留至今。中殿空间两侧是用拱券结构支撑，这点和我看过的很多教堂都不太一样，教堂有很明显的三层结构，这在哥特时期的教堂中是极少见的，因

为诺曼时期的半圆形筒拱结构如果要想做高大的空间就需要不断地叠加层数来完成，而哥特时的尖券结构的力学流线更合理一些，也更容易形成高耸的空间。教堂右侧有个小小的触摸屏幕，介绍教堂的顶部木质结构如何搭接，以及吊顶如何一层一层地叠加出来，左侧则是很多展板介绍教堂的历史和建筑的特色，它重点介绍帆拱的结构，以及为了形成拱券是如何搭木模板的，其中有一个小细节很有味道。因为所有的木结构支持都会因为石头的压力而变紧，因此拆除木模板支持的时候就会比较困难，工程师在木头落地之处用了一个倒放的"凹"字形木料，当需要拆除的时候就把"凹"字两边的木头锯掉，结构立刻就松了。为了表达教堂的建筑结构，展览还做了两个模型，一个是反映三层空间拱券的结构，一个是剖切模型，反映建筑的施工工艺。

因为火车是晚上7点多的，所以我几乎在教堂待到了4点半才突然想起来还要去看得伯勒的博物馆。博物馆离教堂非常近，大概是因为太晚的缘故，我进去参观的时候一个人也没有了，里面正在展出一个非常新潮的可视化展览"living data"，会把各种数据转化

成为可变的各种图案。博物馆的楼梯两侧都是大幅的油画，2、3楼则是动物和城市历史的展厅。博物馆虽然不大但处处精致，甚至你可以坐在展厅宽大的老式沙发上，尽情享受城市的历史。

看完博物馆我顺便去商店买条牛仔裤，等我试完裤子出来的时候，发现营业员都在等我，甚至我看到一侧的一个卷帘门都关了起来，原来5点半他们竟然要关门了。等我走出这个所谓的shopping mall的时候，大街上大大小小的店铺几乎都关门了，只有几家房屋中介店像国内一般敬业。5点多的街上已经没有什么人了，冷清地跟清晨的城市差不多，可现在要7点多天才会黑，这原来是一个一到点就打回原样的灰姑娘小城啊！

我只能到火车站的咖啡厅等车，当我坐下来以后，才有时间好好端详这个迷你火车站。火车站的站厅非常的小，左边一个小小的售票厅，右边一个小小的咖啡厅，然后就是出入口闸机，就规模而言就是我们国内村汽车站的大小，没有巨大的屋顶，站台上除了一间小小的候车室，上车的地方都是露天的，偶尔有长长的货运火车经过，我甚至差点上错车。这座火车站差不多

就是这个城市的缩影，这就是一个小城的小火车站，也不扩建也不建两层，但设备非常精良，装修也很现代和精致，就像它的城市一样，并不像大城市那样建高楼大厦，但会把城市的每个角落都做得很到位，生活方式却依然是小城的模样。当我坐着只有两节车厢的火车从这样一个小城离开的时候，不禁眉飞色舞地喜欢上自己和彼得伯勒的这段相遇。

游历了彼得伯勒大教堂之后，教堂之旅正式进入了主旋律，这座集诺曼教堂中殿、13世纪西立面、中世纪天花板，都铎新建筑于一身的教堂，展示了英格兰大教堂的复杂一面。最为遗憾的是，我并不知道这座教堂是可以攀爬的，因为这是一座中心塔已经倒掉的教堂。后来我才知道，在一些许可的日子里，游客可以游历教堂内部空间的三层楼，并可以停留在教堂东面端部上方欣赏大教堂的室内空间，继续向上走便进入中央塔楼，然后进入塔顶，可以欣赏到城市景观，而且还可以通过西北塔的楼梯下降到钟台和它古老的卷扬机，并可以进入屋顶山墙⋯⋯

Lincoln Cathedral

林肯大教堂

　　我决定先到林肯大教堂对面的城堡去看看，希望能从不一样的高度先看看这个教堂。这个老城堡正在维修，很多地方都无法参观，面对大教堂的那段城墙也封掉了。当我无比失望地站在齐腰的栏杆前的时候，我想起了遥远的家人朋友的期待，想起了培养我的大学、我们以前的体育老师以及完全不值2镑的门票，一股不知从哪里来的力量鬼使神差地让我从栏杆上翻了过去。弯下我倔强多年的老腰，踩着施工的钢架走到城墙边，林肯大教堂配着脚下那些低矮的红色别墅就在眼前站立起来，那些凌乱在不同方向的坡屋顶像一堆瓦砾托着高耸的三个塔楼，第一次在更高的地方看看教堂，才找回了一丝习惯上看建筑的自尊.

Lincoln cathedral. s.k. 14.4.5

2014.4.6 林肯大教堂 Lincoln Cathedral

异国他乡、古今中外的几个朋友，都以不同方式向我推荐林肯，这注定是一场必须赴宴的约定。其实林肯离诺丁汉的距离并不算远，大约70公里，不过经历过超速罚单以后，我突然对自驾出行心生一丝如履薄冰的畏惧，连着三次出行都毅然选择了火车。英国的罚单通常2周内会寄到，会给你一个免费的信封将谁驾驶这次超速的表格回邮，然后再给你寄第二封信，告诉你可以直接网上付款或者大家法庭见。付完钱你还需要把驾照寄过去扣分，这次超速扣3分，我因为拿中国驾照被记录在案，如果哪天我在英国有了正式驾照了，这3分会立刻在我拿到驾照的那一刻秋后算账。那100镑的罚款直接导致了我现在开车异常谨慎，恨不得在后玻璃上写上：您快，您飞过去！但重罚可能是文明发展的一个必经过程，经历这次处罚，我身上的绅士味道越发浓烈起来，动不动到路口就右手一甩，管它是不是lady，都first！

林肯火车站非常的陈旧，根本没法和彼得伯勒比，我感觉就像从脚手架上穿过了轨道，微凉的初春让我多

了一层寒意。出了站有一条很热闹的步行街，叫High Street，远远地就看到很多旅行团样子的游客川流不息。路慢慢往上走，越来越陡峭，到后面几乎就快到30度了，差不多就是爬山了，如果说向上坡道有透视变形的假象的话，你就会因此而绝望，尽管远远地已经看到了教堂的塔尖，这种"山上有个庙，庙里不少老和尚"的感觉让我觉得这次林肯之旅多了几分朝圣的意外。当我后来听到林肯城堡里的工作人员说林肯的地势是很平坦的（Lincoln is quite flat）时候，简直怀疑自己的英语是印度人教的。我告诉他我是非常艰苦地爬上来的，他笑了笑说，这只是我们为数不多的几个高点，看来旅游和生活永远都是不同的。

我决定先到林肯大教堂对面的城堡去看看，希望能从不一样的高度先看看这个教堂。这个老城堡正在维修，很多地方都无法参观，面对大教堂的那段城墙也封掉了。当我无比失望地站在齐腰的栏杆前的时候，我想起了遥远的家人朋友的期待，和体育老师以及完全不值2镑的门票，一股不知从哪里来的力量鬼使神差地让我从栏杆上翻了过去。踩着施工的钢架走到城墙边，林肯大教堂配着脚下那些低矮的红色别墅就在眼前站立起

来，那些凌乱在不同方向的坡屋顶像一堆瓦砾托着高耸的三个塔楼，第一次在更高的地方看看教堂，才找回了一丝习惯上看设计的自尊，不再每次都被巨大的尺度弄得不得不折服于宗教的力量。所以这个城堡的价值不在于它自身有多精彩，而在于在这里可以看到别人的精彩。

林肯大教堂是目前参观过的最大的一个教堂了，网上的资料显示它有163米高的塔楼，它竟然保持了200+年世界上最高的建筑的称号，即使它的"裙房"我目测估计应该也超过30米。我觉得这个教堂应该配一个巨大的广场才有足够的观赏角度，可惜旁边的别墅都离它太近了，幸福地开个窗好像就能闻到教堂的蜡烛味道。教堂尽管正在部分维修，但依然看得出立面缺少应该有的精致，圆拱门斗和水平线条竟然直接相撞而过，雕塑也颇为粗糙，最重要的中心门口上方的几个雕塑竟然穿着一样的紧身衣，下面穿着裙子，最搞笑的是中间两位，翘着二郎腿，裙子散落一边也就算了，节操就让人无从拾起。正立面石头的排列非常凌乱，这些细节都暴露出这个教堂并不耐看的一面，但是因为建筑体量较大，所以形体上随便的凹凸，并让人觉得空间特别的丰富。有

的地方甚至就像一个小广场，很奇怪的一点，大部分的游客并不会绕到建筑的侧面或者背面，侧面虽然很多地方也在维修，但只有那些残破的地方才会提示你，这个教堂曾经有多精致，我非常疑惑为什么正面那么的粗糙而侧面却精致很多？（后记：当我翻看资料后才知道，西立面中的两个圆拱门是从教堂第一天建造开始就存在的，所以整个立面的粗糙实际上是因为不同时期不同风格的叠加而成的大杂烩，用这个角度去看立面就很容易分辨出教堂尺度的变迁。教堂的介绍中，毫不留情地用"哥特背景"这个词来形容立面的主次之分，"This was raised and given a pointed Arch during the building of the Gothic screen"）

这座教堂的平面并不是常见的十字型教堂平面，它看起来经过了多次的加建，主平面结构已经变成了两个十字的连接，旁边还加了一圈回廊和一个Chapter house。这个Chapter house是《达芬奇密码》的拍摄地，大概20米直径样子，但外立面的四周向心地加了几片飞扶壁，这是个精巧的力学结构。漂亮纤细的梁外面却是巨大笨重丑陋的墩子，凹造型的背后永远有个鼎力支持的靠山，不过这处的结构我觉得似乎没有必要使用

飞扶壁，后面的墩子如果不能结合进建筑的其他部分，就会像把基础暴露出来一般奇怪，不过可能那个时代就流行穿着白色袜子和皮鞋然后卷起裤管的搭配。

教堂的内部空间也非常高，所以似乎它内部的尖券也比其他教堂在比例上要细长一点，而且内部精致程度要超过外立面，很多细节的雕塑非常精彩，有些花的雕塑出挑很大，一股呼之欲出的灵动。教堂的内部有个宁静的庭院，四周是一圈走廊，走廊的上面吊顶是石雕图案的木雕，下面的地砖是像国际象棋棋盘一样间隔开来的墓碑，一格刻着名字一格放着鲜花，撩得人有种立刻死给你看的冲动。回廊有一扇傻得可爱的人造"自动门"，门的一头吊着两块铁块，靠自重完成自动，最西侧是咖啡厅的座位，坐在这个庭院里看四周尖券的镂空窗，体会与世隔绝的安静，仿佛天上飘下来的钟声为你而响起，此刻才幡然醒悟"做一天和尚撞一天钟"哪里是在说责任啊，分明就是在享受人间的润物细无声。

我现在已经养成了遇庙烧香的习惯，身边有个很小的女孩子，正在认真地写着祝福，我瞥了一眼，她为她生病受苦的某人祝福，突然大受感动。我总是用言语去教育自己的孩子应该怎么样去爱，因为没有宗教信仰，所以我很难把自己的祝福做出来给自己的孩子看，不管它科不科学，在爱上，它让我不免惭愧。

回家导照片的时候我才发现，我拍主立面的时候，不心移动了镜头的tilt轴，因此拍出来的建筑一半合焦一半跑焦的，让我扼腕叹息。不过想想也就过去了，生活如果永远都如此完美那就不像生活了，林肯何尝不是，我会再来吗？

2014.12.29 后记

将近9个月后，一场圣诞大雪之后再次来到林肯，想起了不小心跑焦的林肯大教堂，我背起了相机来了一场说走就走的补拍，这是唯一一次雪中的教堂拍摄，完美地弥补了上一次的遗憾。

可能是恰逢圣诞，中殿里的所有椅子都被移除了，没有了接近自己的尺度，仿佛空间显得更加开阔，空间的约束度降低了，感觉柱子的尺寸都变大了。今天光线特别好，玫瑰窗投出了很漂亮的紫色、红色、蓝色的光斑，特别是这些光斑是投在竖直的圆柱上，仿佛纹身一

样漂亮和贴合。

林肯大教堂的南北翼特别多，南北翼的加建往往都是为了给教堂增加纪念空间，大一点的教堂总是靠增加南北翼扩大面积，而小教堂只能靠增加东西向的空间。林肯大教堂南北翼是三层结构，因此尺度又非常高，南北两侧不太一样，南侧更为精致，北侧的吊顶更平，端部的玫瑰窗和尖券不太匹配，有明显的加建痕迹。在它的立面上和crossing的位置有很多很密的网格体系，这点跟晚期的哥特风格不一样，哥特不太会采用这么规整的长方形网格，而且几何关系会更复杂。

唱诗班南面的过道有一堵有趣而特别的墙：学徒墙（The Apprentice Wall）。这堵满是雕像的墙是由石匠（stone masons）在学徒期为了训练工艺和技巧而设立的习作墙。每个石匠都要为墙雕刻一块石头，所以在这个教堂中，既可看到各种圣经故事人物、主教，还可以看到作为设计师的石匠的雕像，并处一室。

这天教堂有个很专业的展览，介绍了教堂是如何进行保护的。比如雕像的修复，教堂的三大天敌：雨雪、植物果实、鸟粪，总是将教堂的石材弄得狼狈不堪，修

复会使用压缩空气和更细的研磨粉溶解黑色污染外壳，最后进行颜色匹配的砂浆修复。再比如玫瑰窗是如何制作的，看到工人将一个巨大的玫瑰窗石材在地面上铺开，那个我在彼得伯勒的问题：是先安装再雕刻，还是雕刻完再安装？终于得到了答案，那就是：在地面完成所有的雕刻再进行安装。展览还形象地将林肯大教堂的变迁用立面图表示了出来，1311年建成的525英尺的世界最高塔维持了238年，直到1548年一场风暴中央塔尖坍塌，真是"眼看他起朱楼，眼看他宴宾客，眼看他楼塌了"。

离开林肯的时候，四方庭积满了白雪，地上还有很多冰渣，却觉让人得特别的温暖，我想应该是我回国前最后一个参观的大教堂了，不由感慨：夕阳残雪中不能再美的林肯大教堂。

Ely Cathedral

伊利大教堂

一个月以后我从圣埃德蒙兹贝里大教堂回家的时候，因为有50分钟的换乘时间，我再次来到伊利大教堂。这一次来意外地发现它的塔楼有些倾斜。本来以为很多地方一转身就是一辈子，看来生活不能这么伤感，谁又知道这一次转身是不是一辈子？

ELY. Cathedral
S.K. 2014. 4. 9

2014.4.9 伊利大教堂Ely Cathedral

伊利是一个听起来就奶声奶气的地名，至于中文的伊利是不是从这里来的我不得而知，在伊利我也没看到一头奶牛，而且一查这个词，还是个男生的名字。

伊利是一个曾经发生巨变的城市，因为这个城市在100多年前叫"the Isle of Ely"，这座离入海口不远的肥沃之城盛产鳗鱼，鳗鱼甚至被用来交换建造教堂的石头。Ely 的发音跟鳗鱼eel有点相似，在这个土地稀缺的国家里，人们为了获得更多的耕地，而拦住海水并抽干这片浅水覆盖的沼泽之地，也彻底改变了这座城市的性质。而大教堂的建造也慢慢将伊利发展起来，令人无比尊重的是，这座有着千年历史的教堂，堪称"中世纪的建筑奇迹"，它被称为"万众之船"（The Ship of the Fens）。从教堂官网的数据也许可以略知一二：大教堂有537英尺（161米）；西塔有288步；215英尺（66米）高；Transept西南部的两个炮塔有120英尺（36米）高；中殿和过道有78英尺（24米）宽，248英尺（75米）长；中殿天花板有105英尺（32米）高；八角形（The Octagon）有170英尺（52米）高，74英尺（23米）宽；总面积46000平方英尺（4273平方米）。

从伊利火车站出来，初春的天气总会让人变得格外的小清新，因为伊利在诺丁汉的南面，所以是我今年第一次看到长满绿叶的树。蓝天、白云、绿叶，似乎身边的一切都是小尺度，伊利是一座非常典型英国小镇。在伊利大教堂的门口，几乎没有什么人，于是乌鸦的叫声也就显得特别的凄厉，教堂总是搭配这样的气氛才显得别样的神秘。伊利大教堂看上去像一个城堡，因为它的周边配了很大的草坪和不小的广场，加上四下人迹罕至和初春无敌的晴朗，那种古堡才有的空旷感非常容易就在这翠绿的味道里被营造出来了。

伊利大教堂的正立面是非对称结构，在正立面左边塔楼倒塌后并没有重新修建，其实它还远不止这个塔楼不对称，在左边也有一段残垣断壁的斜墙提示我这里曾经辉煌的过去，加上左边远处的教士礼拜堂（Chapter House），和偏在左边的绿地广场，让人很难准确地感受它的十字平面。在教堂立面上的很多壁龛里的雕像都已经被破坏或者丢失了，这个教堂独特的残缺感觉，相比很多教堂的完整，似乎显得更真实和更有连续性，让人可以感受到历史的叠加感。

我从侧门进去的时候，看到一张巨幅的平面图，比我还高，平面图里把原来的食堂和宿舍这些功能都恢复出来了，不知道什么原因，总是很喜欢那些黑黑的一团一团的墙和柱子被一根根细细的辅助线连在一起的画面。教堂顶面的彩画和玫瑰窗都特别的艳丽，顶面画满了圣经故事，太阳透过玫瑰窗把色彩斑斓的光影打印在巨大的柱头上的时候，这种带着彩色的体积感，是基督教特有的召唤魅力，与其玫瑰花下死，不如玫瑰窗下死。

教堂的主空间前半段和后半段的差别很多，我甚至一度认为这个中殿空间的结构和装饰都配不上大教堂级别，结构粗糙，线条简单粗大，没有棱角。后来问工作人员这个问题的时候，他告诉我因为这个空间的建造时间比较早，而后面的主教空间和旁边的教士礼拜堂都是后来重建的，所以在风格上会有一些差异，后者显得更加的精致。他问我喜欢哪个，我说当然是后者。他说他不，他喜欢前者，也许我是因为我感受不到历史在中殿空间留下的东西。在中殿当中有一个小柜子，柜面上放了一面镜子，参观者可以通过这面镜子近距离阅读顶面的圣经故事，这个柜子还有抽屉可以拉出来，还可以

调整不同的距离，这是一个有意思的现代的手法。中殿的吊顶是非常有个性的部分，是维多利亚时代重新修复的，是两位艺术家的作品，Henry Styleman Le Strange参考了德国的St Michael's Churchd风格，描绘了主入口进来的前六个柱间，而Thomas Gambier Parry画了最后的六个，所以这两部分的风格是不太一样的，后半部分似乎更加的艳丽和精细，绘画风格和几何的感觉结合得很有趣。

这个教堂是奥斯卡获奖影片《国王的演讲》的拍摄地，我印象很深的一幅画面，就是口吃医生Lionel从空旷的中殿踩着清脆的回音和各色拼花的铺地穿过密集的柱阵。我又特意翻看了那段准备国王登基的片段，还坐在了那个中心的位置，想体验一下登基的感觉，没一会就有人过来告诉我这是一个holy的位置，不能随便坐，吓得我赶紧跟他说"我只是……F***，F***，F***……拍张照片"。

和其他教堂的教士礼拜堂不一样的是，伊利大教堂的是方形的空间，长边大概有5个开间，短边大概15米左右，这是英国最大的大教堂里的教士礼拜堂（Chapter House），端头是一个蓝色的圣母，据说这

是专门给女士做礼拜用的。这个空间不仅高大，而且开窗的面积很大，光线非常好，一般教堂里找不到如此通透的感觉。

在东部尽端的两个小礼拜堂，有土豪感但没有土豪味，所有雕花凹凸巨大，镂空感非常强，繁琐又不让人觉得矫情，这恐怕是单色材料才有的魅力。从顶面和立面的过渡自然，这是我目前为止见过最精致和复杂的小空间，依稀有一些阿尔罕布拉宫的伊斯兰风味。当我偶然翻看我曾经下载的一些教堂内部照片的时候，我才发现，竟然很多照片都是伊利大教堂的顶面照片，不过如今再看已经没有当初的惊叹了！

今天是我第一次爬上教堂的屋顶。伊利大教堂有两个地方可以上，一个正立面的塔楼 The West Tower，另外一个是十字平面交叉点的大穹顶 The Octagon。爬完这两个高塔，我的 fitbit 手环记录我今天的爬楼记录是52层，这是我有生以来爬过最不符合规范要求的螺旋楼梯，一共288+165=453级台阶，没有任何休息平台一口气到顶。

西塔（The west Tower）高65.5米，官网上说可以看到它管辖教区里的所有教堂，这大概是为了6镑的攀爬费做的不靠谱的广告。小城的房子本来就低矮，周边又都是绿地，景致的确非同一般，工作人员比他们网站还夸张地说，这里可以看到爱尔兰。站在教堂的屋顶的时候，我的腿一半被累软了，一半被吓软了，总之要靠扶着东西才能勉强维持正常的姿势，要不是身边那三五个老外，我真想直接跪在屋顶上以降低被大风刮得摇摇欲坠的重心。那些以前在地上仰望教堂迫不及待的赞美，此刻才体会到完全是叶公好龙的谬赞，只有站上屋顶才真正体会到巨大尺度的石头教堂到底有多么的伟大，才能深刻感受到一个教堂对于城市的重要性。（后记：第一次爬塔的我一直被木结构的吊顶所吸引，丝毫没有留意到穿过的三层诺曼时期的拱券空间的结构是非常有价值的。）

八角灯笼塔（The Octagon），这个单词是八边形的意思，也就是在中心位置的穹顶实际上是一个八边形的结构支撑起来的，这部分结构采用的木结构，更经济也更轻便（后记：1322年诺曼风格的中心塔楼倒塌后新建，事实上采用木结构往往都是石头结构的塔楼

倒塌之后的选择）。但即使是木结构其实也仍然是非常巨大的，总重量为400吨，其中最主要的几根柱子都是整木，这个八边形的每段墙上是四扇可以开启的彩绘窗扇，画着真人大小的人像。但在这么高的地方，那些彩画和线条远没有在地面可以触及的地方精致，密斯被告之"上帝可以看到"的传说并不适用每个教堂，尽管丝毫不影响从下面往上看的感觉。

伊利跟很多城市有些不同的地方是火车站旁边有一条小河，小河上面停满了船和游艇，在河边遇到一个老头，他就站在船边，于是和他聊了起来。这艘绿色的船价值7000镑，名字是一种玫瑰花，船上有厨房、卫生间和卧室，他和太太已经在船上生活了9年，到哪个城市就像这样停靠，补给和游玩个2~3天，开船和开车并没有太大的区别，也有水路地图，也会在河上抛锚找拖船，也有他们的游船俱乐部。他的家在约克，只有每年的圣诞节，才会回到约克，大多数时间都飘在外面，他的下一站会是伦敦，这样的退休生活真让人羡慕。

在夕阳已经开始有些耀眼的午后，那家传说有米其林级别的私房（homemade）下午茶，让伊利的行程以甜蜜结束，那些在高处的恐惧和独特的视角也全部化为一次特别的体验飘荡在伊利空中。

2014.5.20 后记

一个月以后我从圣埃德蒙兹贝里大教堂回家的时候，因为在伊利有50分钟的换乘时间，我匆匆忙忙地再次来到Ely Cathedral，这一次来意外地发现它的塔楼有些倾斜，对于石头建筑来说，倾斜恐怕才是它无法回避的姿态。

St Paul's Cathedral

圣保罗大教堂

　　当我看过米兰大教堂立面近乎疯狂的复杂之后，我很感慨地说它完胜了我看过的英国所有教堂，包括在这之前我曾经路过的圣保罗教堂。可是当我今天细细品味圣保罗之后，那些过去、现在和将来融在一起的感觉，让我心生崇敬：罗马不是一天建成的，但圣保罗是需要明天才能建成。

ST. PAUL'S CATHEDRAL
SK. 2014.4.21

2014.4.22 圣保罗大教堂 St Paul`s Cathedral

曾经我问过自己一个问题：有一天当我看过所有英国的大教堂以后，哪一个会是我认为英国最赞的教堂？我当时猜想会是西敏寺（Westminster），因为这是国王登基的教堂，不过当我充满期盼看过它的外部以后，这份期待责无旁贷地落在了圣保罗教堂的身上。

刚刚从意大利归来，如果我不带着外国建筑史的光环（事实上我也不想被那些历史意义影响我对建筑的直接判断），再回头看英国的教堂就会体会到格外多不一样的地方。意大利的教堂更像文艺+时髦青年，那些立面上雕塑都必须是各种搔首弄姿的文艺复兴范儿，男生随便一伸手，就要爆出三青筋，女生随便一转身，衣服必定滑落中，空间的艺术效果和透视感的表现欲望更强，建筑尺度感和力量感也更像雕塑；而英格兰的教堂更像普通+文艺青年，英国的基督教为了强调背叛梵蒂冈的天主教，在设计上走了一条跟意大利不太一样的道路，所以它的立面更温和纤细，雕塑大多以植物为主，人物总是长袍飘飘正义凛然，吊顶也很少有"八仙过

海"那种意大利画作中常见的猛男和裸女，大多数都体现了几何和结构本身的简单美，单色的教堂比比皆是。这种风格上的差异，像极了他们的国家性格。

对于摄影的喜好，渐渐让我发现从镜头里看世界和从眼镜里看世界的差异，真实世界不像我们在设计平面图的时候那么真实，即使你站在教堂的中轴线上你还是很难体会那种绝对的对称感觉，而镜头总是能用那几根简单的辅助线让你迅速找到对称轴，调整角度过滤无关因素，你关注的重点非常容易就跳出画面，所以我总是喜欢镜头里的建筑，摆弄构图的时候也就像在寻找你的关注的点。只是圣保罗教堂不允许拍照，手机偷拍又不能堂而皇之，所有没有那些漂亮画面的诱惑也让我可以静心聆听并同步思考导览机讲述的所有故事。

圣保罗教堂的室内并没有太多与众不同的装饰，它的nave空间两侧采用的是拱券而不是看可以更高大的尖券，除了唱诗班空间的吊顶采用了非常昂贵的琉璃拼画和金色彩画外，其他顶部看上去都非常朴素。圣保罗教堂的大穹顶设计费尽心机，为了保持伦敦高大形象的外部大穹顶和掩盖为了支持大穹顶而设计的斜向结构，

设计师做了双层的穹顶，在双层穹顶之间。为圆锥体结构，用来支撑穹顶的尖塔，同时为了让宗教需要的天光从穹顶中心投射下来，在外部穹顶靠近顶端的地方开了8个花瓣形洞口采光。这些洞口不仅从地面仰望看不到，即使爬到最高处可能也不容易注意到这个隐藏的细节，这个设计可以让穹顶的壁画有更好的光线。

作为伦敦最重要的天际线，圣保罗教堂在二战时期也就成了最重要的目标。我那个英国朋友曾经和我吹牛说因为上帝的护佑，圣保罗如有神助地在伦敦几乎被炸平的日子毫发未损，当时我特想给建设部写信修改国家建筑规范把避雷针都修改成为十字架的形式。而事实是圣保罗经历了两次比较厉害的轰炸，其中一次直接炸到地下室，幸运的是最精彩的穹顶并没有受到影响。在丘吉尔政府的号召下，民众成立24小时巡逻队保护大穹顶避免被燃烧弹袭击，教堂因此被很好地保存至今。

看圣保罗的历史，它竟然经历了3次火灾和5次重建，可谓命运多舛。1649年国王查理一世被处死，英国进入共和国时期，作为国教圣地的圣保罗大教堂变得不再神圣，成了马厩，中殿变成集市，而南北翼甚至变成了街道。1660年恢复君王制之后，列恩被任命修复圣保罗大教堂，就在方案动工前期，1666年伦敦发生大火灾，教堂被烧毁，尽管没有全部倒塌，但主结构被破坏，只好拆除重建。英国大部分的教堂都是在不断加建、倒塌、重建的循环中保存下来的，再加上经济的原因，很多教堂的建造历史都超过百年，1711年列恩在自己91岁之际看到了自己设计的大教堂的建成，这是十分罕见的。

设计师列恩因为同时也是一个天文学家，所以他把这个32米直径的穹顶放在离地365英尺（110米）的高度上，在穹顶底部的平台叫耳语堂（Whispering Gallery），这里有两层含义：第一就是你即使在这个环形的空间里窃窃私语也很容易被别人听见，但事实上并没有如此夸张的声学效果；第二个就是可以看到穹顶的巨幅壁画，倔强的英国人就是不肯用五颜六色向天主教系统屈服，硬生生地用土黄单色完成了这幅最重要的穹顶画（据说另外还有一个原因是列恩原来的方案是彩色马赛克镶嵌，但是因为材料昂贵施工复杂而放弃，但我宁愿相信还是宗教的原因），尽管没有彩画那么精神，但却和整个教堂

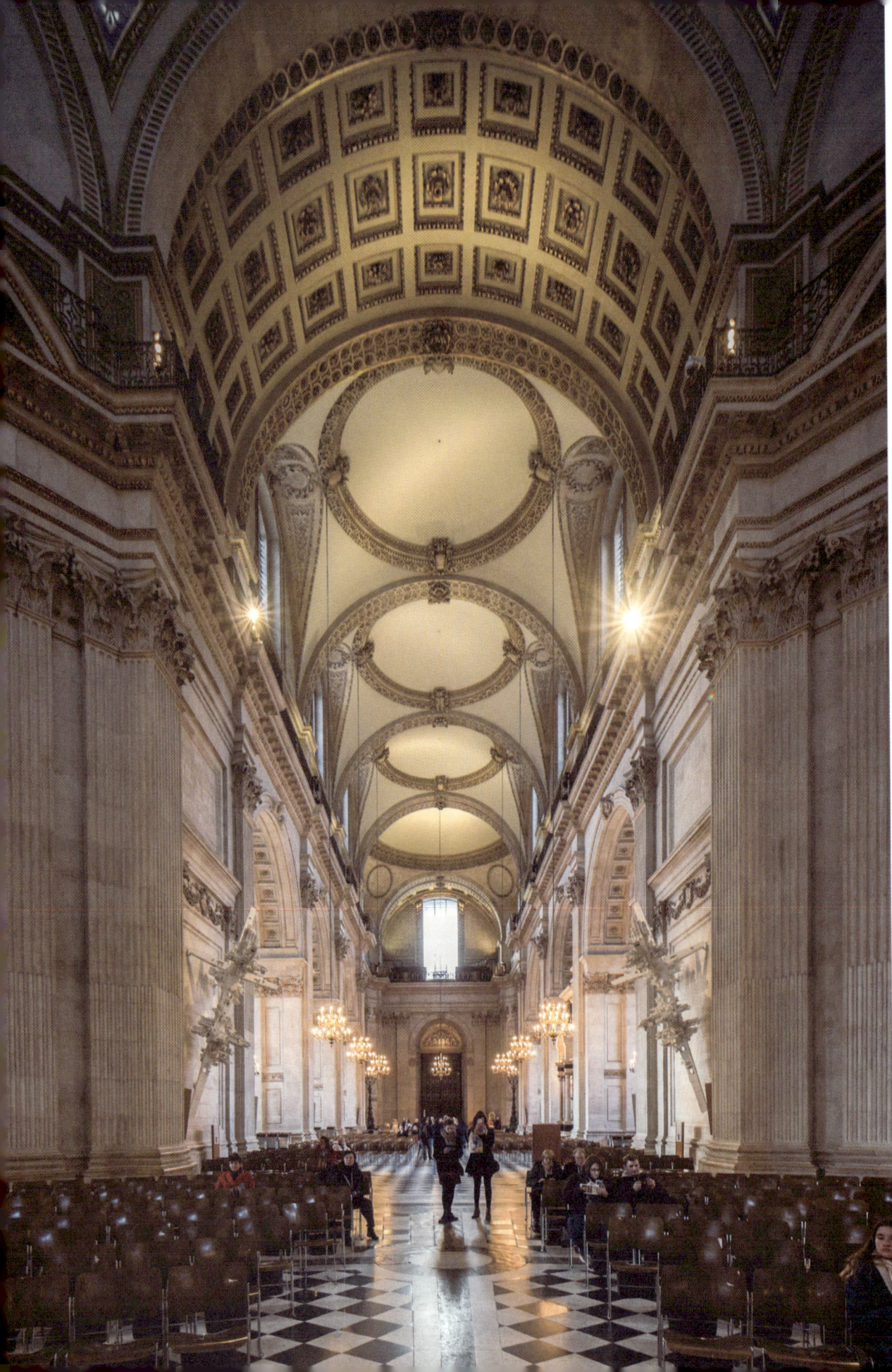

的色调温和匹配。而这个马赛克方案，却被后来用在了教堂尽头的圣坛顶部和墙面上，极为精美和奢华。

耳语堂是爬到穹顶顶部的休息平台，周围全部是石凳，如果不是那么多人，坐在那里细细端详那些壁画一定是非常好的体验。打开旁边的门，进去以后就全是镂空钢板的螺旋楼梯了，爬完500+台阶终于登上圣保罗的最高点。俯瞰伦敦的场景没有想象中那么精彩，城市并没有十分统一，老建筑并不出挑，而新建筑并不协调，尽管那些著名的建筑依旧各自挺拔，只有站在轴线上对着泰晤士河上的千禧桥的角度，让人得到了些许的满足。我曾经在伦敦的建筑中心（Building Centre）看过他们白色的城市大模型，高层亭亭玉立，底层唯唯诺诺，城市肌理十分舒展，看来没有色彩的模型会掩盖掉很多形式上的感觉。

在教堂的左侧放着亨利摩尔的现代雕塑"母子"（Mother and Child），一个母亲怀抱婴儿的抽象雕塑，这是摩尔风烛残年的作品，他当时只能做了个小比例模型，让意大利的雕塑家帮助完成最后的雕塑。在靠近穹顶的中殿空间两侧有两个非常现代的巨大白色雕塑被钉

在墙面上，我定睛一看发现和我在曼城的帝国战争博物馆看到的是一样的雕塑。工作人员告诉我这是半年前刚刚装上去的，不仅如此，教堂已经放过其他现代作品，还打算准备举办更为现代的展览。把这样的现代风放进古典的教堂空间让我对圣保罗敢于革新，宽容有度的精神刮目相看。

圣保罗大教堂是十六世纪英国宗教改革后建造的第一座大教堂，亨利八世创建英格兰教会，用自己的皇冠控制了教堂，但对于伦敦人，圣保罗教堂的意义其实已经远远超越了宗教，它成为皇家庆典仪式的隆重场所，包括伊丽莎白女王登基50年和80岁生日、查尔斯和戴安娜的婚礼、撒切尔夫人的葬礼等国家级的活动。在教堂的地下室有一个小礼拜堂，是为了纪念二战期间为英国捐躯的美国人和犹太人，解说里有个小细节我特别感动，在展厅里有一本捐躯者的名册，这里的工作人员会每天翻一翻这本名册，要给每一个名字一个透气的机会。我还看到一张照片，在2001年9·11事件发生后，大量的伦敦人聚集在圣保罗教堂门口为死难者祈福，这种建筑的号召力让人汹涌澎拜。1999年为约旦国王侯

赛因举行追悼会，《古兰经》第一次在英国大教堂中诵读，其宽容之心让人致敬。

当我看过意大利米兰大教堂立面近乎疯狂的复杂之后，我很感慨地说它完胜了我看过的英国所有教堂，包括在这之前我曾经路过的圣保罗教堂。这场哥特对巴洛克的对抗，我似乎更喜欢哥特，可是当我今天细细品味圣保罗之后，那些过去、现在和将来融在一起的感觉，让我心生崇敬：罗马不是一天建成的，但圣保罗大教堂是需要明天才能建成。

后记

后来我陆陆续续去了5次圣保罗大教堂，大教堂的每一个立面都有一个特别好的角度可以观看和拍摄大穹顶，它的确就是伦敦城的地标和根。2015年1月6日的最后一次，教堂人特别少，我悄悄地拿出包里的相机，拍下了难得的几张照片，一座设计风格一点都不"英国"的巴洛克大教堂，却成为我参观次数最多的一座教堂。

York Minster

约克大教堂

　　第5次去约克大教堂（*York Minster*）是清晨在约克转火车，有45分钟，于是狂奔过去，教堂还没到开门的时间，我尝试拿出我那张已经皱巴巴的门票（英国大部分教堂的门票都可以使用一年）对门口的美女管理员说我要赶火车能不能先让我进去看看，她竟然同意了。于是我拍下清晨第一缕阳光照进空无一人教堂的美景，那种色彩是如此的不同，约克大教堂就这样成为我唯一拍过早晨、上午、下午和晚上的教堂。在朋友圈里对我教堂照片累觉不爱的同时，我也只能爱觉不累地说，你陪它一天就知道它的味道。

SK. 2014.4.26

2014.4.26 约克大教堂York Minster

离开英国的十几天里，春天终于全面到来了，火车窗外的春色像流水一样浸满了大地，眼前再也看不到光秃秃的树了。约克的地理位置算中部偏北，下了火车才发现，这里的春天才刚刚开始，教堂旁边的大棵樱花树下还洒落着厚厚的花瓣，厚重的历史压得陈旧的约克连春天都比别人慢一点。

约克是一个英国历史上重要的城市，《国王的演讲》里，Albert的老婆第一次去找医生的时候说患者是 "The duke of York"，医生非常吃惊，这是因为英王总把第二个儿子封为约克公爵。我今天在教堂的正大门附近，就看到地上一块墓碑，1998年去世的The duke of York某某王亲国戚埋在这里。而美国人的New York名字本身也歪打正着地说明了York曾经的地位。出国前曾经和一个英国的朋友聊起"十大必须去"的城市，单凭耳闻就把它排在了前三位。

约克的火车站很大，从空间的高度和巨大的钢结构跨度，都说明这是一个曾经非常重要的火车中转站，即使在今天它仍然是去往北部苏格拉重要的一个换乘车站，只是那些锈迹斑斑的钢结构静静地述说着一个落魄的大户人家如今的尴尬。在火车站的旁边有个著名的国家铁路博物馆，里面陈列了很多让人震撼的火车头，一进巨大的展厅就闻到一股钢铁和机油的味道，那些带着历史感的机械设计总让你体会到一种意大利建筑师斯卡帕才有的独特魅力。非常赶巧的是今天有两个短期的展览，一个是关于火车的摄影展，里面有不少精彩的照片，我特别喜欢一张凌晨薄雾中蒸汽机车头呼啸而过的照片，在英国至今仍然有一些小地方这些蒸汽机火车还在运行，不知道那些飘着煤渣味道的旅行是会如何的不同。另外一个展是关于铁路两侧的电力供应柱，通俗一点说就是电线杆的设计，大概有10来个方案展出供人家投票，我选了一个弯折三角元素的方案。这时身边一个英国老头准专业地问我，为什么要选它，它的尺度这么低怎么能形成一个好看的landscape？然后我就说我喜欢它不平衡的形式感，而且可能尺度低对人来说更容易感受到它的空间影响。

约克大教堂的名字叫York Minster，跟我去过的很多叫Cathedral的教堂不一样，Minster就是教堂中的最高级，在伦敦的西敏寺（Westminster）就是用来给

国王登基的教堂。在伊利我碰到那个在船上生活的约克老者，就曾经骄傲地纠正我，不是York Cathedral而是York Minster，这个就像我们去北京不能随便问人家：喂，请问太和庙怎么走？

约克大教堂的石材非常干净，尤其是室内，但这种干净其实并不太真实，像多年的落魄诸侯急于搓掉那些千年污垢瞬间变成高帅富后，急于证明但又不免残余下来新富露怯的羞涩。维护和更新似乎是这个教堂非常看重的一件事情。在教堂最东段有一个小面积的展厅，介绍教堂的维修的工作，大部分教堂面临的四大天敌是冰雪、烟灰、植物油脂和天屎，而有一些破损的石块只能更换了。更换的工作除了画1:1的二维图纸以外，还需要将图纸制作成铁皮到现场进行比对，然后根据各个立面的铁皮选择格式大小的石块，一些简单的线条就根据二向的平面图纸进行加工，而一些复杂的雕塑就需要先做一个石膏的模型，然后用铅笔边画边雕刻。约克大教堂共有128个中世纪至今的玫瑰窗，其中60%的彩色玻璃保留至今，它之所以能保存这么好，跟它在二战期间拆除窗户有关。正立面石雕上部的心形被称为"约克郡之心"，目前正在进行修复的Great East Window是世界上最大的中世纪彩色玻璃窗，是这个教堂最著名的玫瑰窗。这面玫瑰窗已经有600年的历史，面积相当于一个网球场大小，大大小小一共有311个单元，教堂提供了四个触摸屏解释每一片玻璃的图案和故事，由于年久失修，所以目前正在进行全面的整修工作。这是一个浩大的工程，要到2015年，局部要到2018年才会完成，因为需要将每个单元的每一片小玻璃都拆卸下来，重新描绘重新上色。处理每一单元的时间是600个小时，费用是25000英镑，而当年设计这些玫瑰窗的设计费仅仅是56镑。在教堂外部的南侧，有一个小型的维修工场，露天放了很多大大小小的石块，这个临时工场就在更换那些损坏的石头，把这些修复的工作同时展示给游客。

约克教堂的空间很高，作为教堂最重要的十字交叉点的高点是一个四方的高塔，除了这个高塔之外，在十字平面短翼空间的高度也超过了主空间中殿的高度。和很多教堂不同的是，约克教堂并不是标准的十字平面，在靠近东侧唱诗班（quire）的位置还有一个短小的横向空间，平面像一个少了一横的"丰"，而且这多出来的一横，有两个小小的高塔空间可以采光，这些天光给约克教堂不一样的空间体验。

和伊利教堂一样，在教堂的中间也放了一个玻璃移动柜可以阅读顶面，其实它的顶面并没有什么可以阅读的故事，就是有很多充满几何味道的传力的肋。我利用镜子拍一张中殿空间的倒影图，正巧一个旅游团经过看到，然后大家就排起队来完成这个独特角度的照片。有一点很奇怪的是，这个拍摄方法在拍西面和南面的时候都非常垂直，而在拍北面的空间的时候就出现了倾斜的情况，难道这个立面有倾斜吗？要不是这面镜子，这些微小的细节还真难体会到。在教堂北侧的玫瑰窗颜色发灰，图案也更碎，不像大部分玫瑰窗都跟色盲检查表那样一看就必须知道这是什么，我猜想这是因为年久失修上面的颜色都褪去的缘故，那根黑白灰的喜好神经又撩动我莫名就喜欢这个色调。

约克教堂的塔楼有275级，70米高，这次我没觉得有任何的害怕，非常地放松，因为整个塔楼的空间全部被密集的铁丝网笼罩，即使是上部的空间，只在局部开了几个相机大小的空供游客拍照。当我觉得安全的时候，我才发现丢失了居高临下的自由和开放的感觉，尽管城市的面貌依然可以一览无余。建筑如果失去这样的

刺激，那就失去了高度的意义。另外，当我登了好几个教堂的屋顶以后，开始慢慢失去了第一次的兴奋，那些相似的景致即使我非常专业地待到所有人都下去以后都没有找到新的刺激点。

BBC曾经出过《攀爬伟大建筑》的系列节目，在圣保罗大教堂（St Paul's Cathedral）那集，乔纳森一边和在屋顶维修的工人聊天，一边看他用一个锤子非常容易地加工着屋顶的材料。在我从高塔下来的路上经过中殿的屋顶走廊，我随手摸了一下这个铅皮材料，发现它大约有2毫米厚度，软硬适中，的确非常方便加工，这样就可以保证每片屋顶材料之间可以被很好地包折在一起。而且看得出这个材料非常干净，在屋面上看不到任何天屎的痕迹，应该是雨水的冲洗很容易就可以把它清洗感觉，当然最重要的是这个材料和教堂的石材很般配而且耐久，而不像铜的材料时间长了就变成绿色。

位于左侧的教士礼拜堂（Chapter House）的屋顶特别不一样。内部看是一个穹顶，而外部则是一个尖顶，在门口有一个木制的模型展示着屋顶的双层结构，中间一根巨大的柱子是由三根大橡木绑扎而成，而且是

典型不落地的柱子，因此柱子由一个十字交叉的巨梁进行结构转换，看来这种为了外观更加雄伟的作假行为自古就有。内部空间由8根巨大柱子分出5根肋支撑起整个穹顶，为了拍下这张顶面照片，我在只能把相机放在房间当中的地面上用自拍完成，这已算极限了。

教堂主立面门口的广场上有一个青铜的城市局部模型，最高的塔楼被摸得快秃顶了，除了这个广场外，在它的南侧十字平面的短边也有一个小广场，在轴线上对着城市的小马路，而且它短边入口立面也设计得非常像个主入口，有大券门，有大山花，有小塔楼，大台阶，最可贵的是有很多人在这个广场活动。不像很多教堂的城市作用相对单向，约克教堂的2个不同方向的广场让它的城市影响力变得更加的多维，加上"加建"的纪念品书店对建筑平面轮廓线的丰富，使它周边的空间活力也更立体。

约克的另一个城市特色就是酒吧。转过那条安静的教堂小路，这才看到约克真正的生活。今天是周六，在这条传说的老街的下午三四点钟，处处拍打着上酒吧的节奏。那些女生们打扮得花枝招展，不管是"河马屁股大象腿"，还是"曾经沧海难为水"都踩着高跟鞋，缠一条艳色围巾招摇过市，肆无忌惮地大声欢笑，而我想去的那家著名的下午茶餐厅Betty's，队伍都排到了街道拐角。

下过雨的约克，路边的石头颜色都变黑了，那些千年天屎的痕迹愈发明显，城市因此而更显沉重。有时候一场雨会洗刷掉表面虚假装饰，而有时候一场雨也会让你深层的东西渐渐浮出表面，这些城市的颜色是用时间叠加出来的。

后记

一个多月以后我又带着家人重游约克，经历更多教堂之后，此时的我已经更加了解约克在英国教区中的地位。那天晚上吃过饭以后，我第三次来到约克大教堂门口，坐在车里静静地等着教堂慢慢变黑，拍下了一次教堂的夜景，我想只有如此才能同步到这座教堂历久弥香的味道。

不同的时间看到的教堂是完全不一样的，第5次去约克大教堂是清晨在约克转火车，有45分钟，于是狂奔过

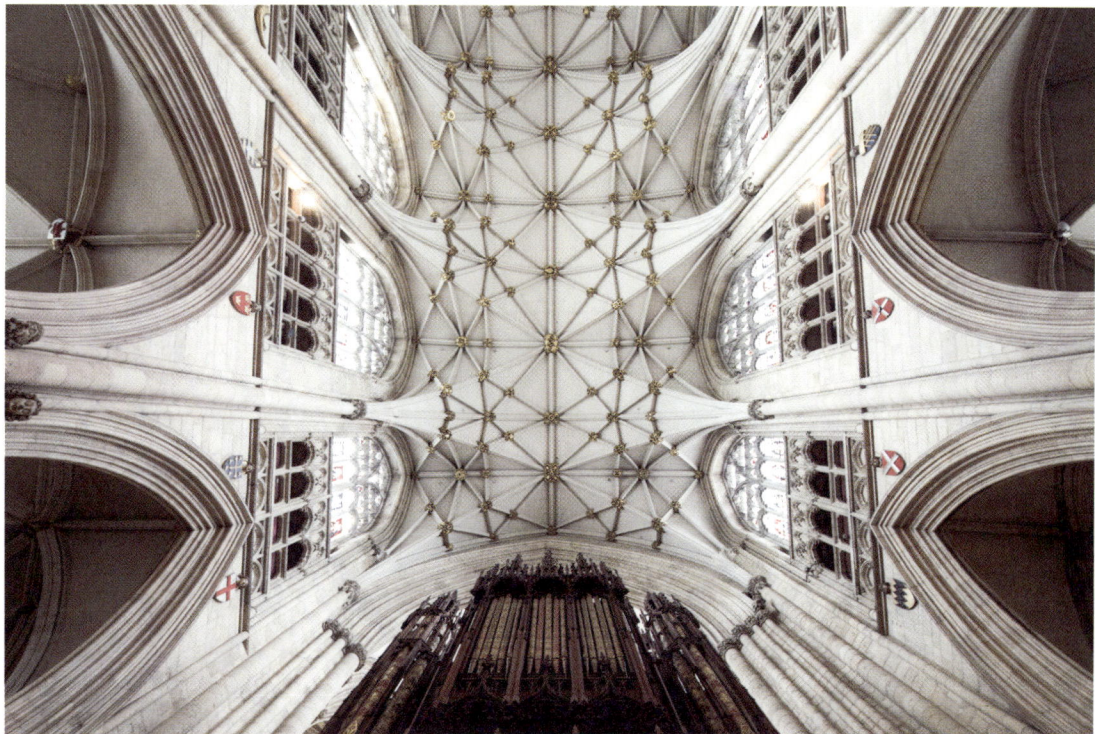

去。教堂还没到开门的时间，我尝试拿出我那张已经皱巴巴的门票（英国大部分教堂的门票都可以使用一年）对门口的美女管理员说我要赶火车能不能先让我进去看看，她竟然同意了。于是我拍下清晨第一缕阳光照进空无一人教堂的美景，那种色彩是如此的不同。

约克大教堂就这样成为我唯一一拍过早晨、上午、下午和晚上的教堂。在朋友圈里对我教堂照片累觉不爱的同时，我也只能爱觉不累地说，你陪它一天就知道它的味道。

Chester Cathedral

切斯特大教堂

在教堂十字平面交叉中心朝西的唱诗班入口的隔断上，有一个普通的耶稣和十字架的镂空雕塑，背后有一盏特别的灯打亮着雕塑，据说这盏灯已经开了超过50年的时间，但从来没有人知道它的开关在什么地方，所以即使是深夜教堂关门，这盏明灯依然在漆黑的夜晚营造出让人不寒而栗的敬畏感。

CHESTER CATHEDRAL
SK. 2014.5.1

2014.5.1 切斯特大教堂 Chester Cathedral

切斯特(Chester)像是一个单词后缀一般没有什么存在感，比如Manchester，Chichester，Rochester和Winchester总把它挂在后面。它更被广大女生熟知是因为它的奥特莱斯打折店（outlet）而出名的，很多人会为此跑这里来购物，因为离利物浦(Liverpool)和曼城（Manchester）都不是很远，但交通竟然诸多不便，换了三次火车，咣当咣当经过无数小站，到切斯特都已经快中午12点了。不过5月的英国，白天开始变长，12点的气候却不是正午的感觉，十几度的温度，加上干干净净的路面和门可罗雀的街道，依然还是一股英伦特有的湿润而悠闲的晴朗。

小镇街边的建筑别具一格，这是因为在Eastgate街道拐角的一个老建筑Chester Rows采用了木结构刷黑漆配白墙这种效果强烈的建造手法，而且还有不少结构的出挑，这种建造和装饰方式使得建筑的框架特别明晰。而后来很多新造的小房子也模仿了Chester Rows的建造方式，因此这里街道的特征就特别明显。

穿过那条微微热闹的商业街，一个拐弯就看到切斯特大教堂的塔楼，不过这个教堂并没有像大多数小城的教堂成为城市的制高点，在它对面的市政厅的尖塔看起来就比它高出一截，如果不是在网上已经预览了它的样子，我绝对要找错地方了。在经历那么多高帅富教堂后，突然面对Chester这样低矮尺度的教堂和不收门票的待遇，瞬间的幸福感还是被更多的失落淹没。这种感觉是因为它没有一个非常显眼的正立面，主立面的尺度不高是一个原因，另外一个重要的原因是它还连着另外一个建筑，更加不能把主立面衬托出来。

整个教堂的外立面有些发黑，咋一看会觉得是被烟火熏过，仔细　看才知道是这种偏红的石材被雨雪浸泡过后发生的渗入变化。不像大部分教堂的米色石材那么容易清洗，这种更加疏松的石材很容易"吃色"，所以它几乎无法进行表面的清洗，但不能否认的是，这样的材质变化痕迹却保留了更多历史的感觉。教堂的导览书上说：石头才是教堂建筑风格融合的真正见证者。（But the stones themselves also bear witness to movement and development, since more than ten

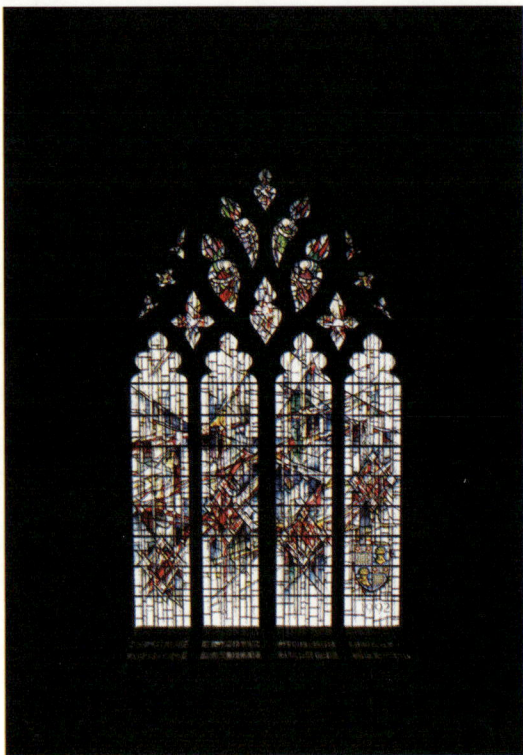

centuries of architectural styles are represented in the cathedral as we now see it.）

　　教堂的平面并不是标准的十字平面，入口设置在左侧，进去才发现十字平面的左翼被改成了一个带有花园的回字连廊，这很显然是原有修道院式的结构，连廊采用了很密的四分拱结构，雕花和线脚破损得很厉害，只有玫瑰窗保存得比较好。很少有机会这样近距离接触玫瑰窗，更难得能拍到一张好的玫瑰窗照片，因为大多数时候逆光的玫瑰窗才显得漂亮，但曝光的控制就显得非常困难，所以大多数玫瑰窗的照片都像用ps填色的感觉。

　　教堂的规模不大，未打开的正大门跟室外没有高差，而室内要通过两个4级台阶的平台才下到中殿空间，这种向下方式的仪式感似乎蛮特别的。中殿空间的左右侧并不对称，右侧是典型的玫瑰窗，但是玫瑰窗的图案不是常见的圣经故事，而是非常具有现代感的抽象艺术；左侧则是细小的马赛克拼贴的圣经故事，远看平淡发灰，近看非常精细。中殿空间的二层高度的玻璃因为用了大面积的磨砂玻璃，所以当午后1点太阳像舞台追光灯一样打在我和身边陈旧的石头上的时候，影子没有那么显著的轮廓，但亮度并不弱，像是用柔光箱里打出来的光感，如果用闽南话里的"哑巴日"，闷而不暗的感觉来形容最恰当不过。在中殿空间中可以明显地感受到左右两侧的差异，当教堂不对称的时候，你总会产生一种奇怪而解释不清楚的感觉，因为空间不大，所以我很容易就留意到。在"一层"尖券的上部墙体，是有两层微微凹进的，一层非常低，像一圈特别的壁龛，另一层似乎留着一条可以穿越的走道，而且这根走道几乎环绕整个室内所有墙体，我坐在中殿的座椅上想：这是不是意味着这个教堂是有两层空间可以使用呢？

　　在北侧的耳堂上可以看到教堂最古老的诺曼时期的拱券，石头粗大陈旧而缺少细节；紧贴的哥特时期的尖券，则精致而充满细节。对于一座有着将近千年历史的教堂，这种混杂是最好的历史证据，相比于完美建造的圣保罗大教堂来说，打补丁的教堂更有历史的沧桑感。

　　这个教堂的教士礼拜堂（Chapter House）规模也小很多，没有封闭的墙和门，都是镂空的尖券隔断，也没有像大多数教堂设置的环绕一圈的开会位置，它几乎

就是一个普通的空间，但很特别的是支撑屋顶的柱子和墙体是脱开的，就像在中殿空间看到的凹进处理一样。这种非常现代的处理手法让这个空间看起来很特别，尤其有趣的是在柱子和墙体的连接上，竟然也是用石头做了一个像圈箍形状的"连接件"把柱子"套"住并拉结到墙体上。看了那么多石头的建筑，会越来越不喜欢混凝土那种一次成型的材料，丢失了太多可以推敲的建构细节，什么时候我们还会用100年的时间来建造一个让人看1000年的建筑？

本来我还在犹豫是不是要爬教堂塔楼，因为实在太低了，除了俯瞰左侧的庭院那片包在教堂里的绿色外，爬完塔楼也觉得并没有太多的亮点。正在我以为将直接下楼的时候，工作人员突然一个拐弯，把我带进了刚才坐在中殿空间里猜想的那个二层平面。我从唱诗班和主教位置上方的走廊穿过，特别是在主教的背后走廊，可以俯瞰整个教堂的中轴线一直到大门，这是一个绝佳看教堂的角度，如果是清晨背后再来点晨曦的话，我随便嘀咕几句in God's name和amen就可以在这里传道授业解惑了。这个走廊的宽度可能只有300毫米，而我的头发已经擦到走廊的顶面了，这是一个完全没有过的双层墙体验，真正走进教堂的墙体里面的感觉，以前看教堂平面的时候，总疑问这么厚的墙体单单是为了结构或者几何的需要啊？今天总算可以给自己一个满意的答复，这样的空间不仅让我充分体会结构本身的空间魅力，而且让中殿空间的维度从Y和Z方向中又增加了一个X方向的感觉。这个空间把玫瑰窗和主结构分开，用一种最小的尺度把中殿空间的两侧变得非常丰富，而走道本身并没有显出任何突兀之处，即使在现代建筑中都很少见这样把空间穿插进结构的处理手法。

在教堂十字平面交叉点（Crossing）朝西的唱诗班入口的隔断上，有一个普通的耶稣和十字架的镂空雕塑，背后有一盏特别的灯打亮着雕塑，据说这盏灯已经开了超过50年的时间，但从来没有人知道它的开关在什么地方，所以即使是深夜教堂关门，这盏明灯依然在漆黑的夜晚营造出让人不寒而栗的敬畏感。

这个教堂非常安静，我似乎又找到了久违的教堂感觉。我漫步到左侧的庭院里时，站立在中心的雕塑边驻足观看的时候，身边长椅上的女士突然问我要不要

来点三明治,我仔细一看里面好像没有肉,就婉言谢绝了,然后坐在长椅上和他们夫妻二人聊了起来。已经很久没有在教堂里和人聊天了,因为大部分最近去的教堂都是有不少来旅游的人,很少有人会安静地在教堂坐一会儿。妻子是一个舞蹈家,丈夫是音乐家,天作之合神仙伴侣。她和丈夫就住在切斯特,今天是他们第一次爬这个塔楼。她说她喜欢眼前这个雕塑,这个像圆圈的雕塑上面的人像上帝,把水倒给下面一个人,这个意境非常有宗教感觉,她第一次看到的时候都感动地想哭了。接着她说她经常会去教堂跳舞,那种表现圣经故事的舞蹈,而且她曾经在诺丁汉的主教堂演出过。我说建筑和舞蹈是可以通过艺术相通的,我非常感兴趣她的表演,并向她描述了台湾舞蹈家林怀民的书法舞蹈,她非常震惊。于是互留了联系方式,下次她再来表演会邀请我去观看。最让我觉得灵异的事情,是她告诉我,她从没去过中国,但昨晚她梦见了中国地图,并梦见今天会遇到一个中国人。当我激动地告诉我室友这件诡异的事情的时候,他冷冷地反问:这个世界最容易遇到的是哪国人?

不过今天我还真没在小城里碰到任何一个中国人。凡是这种情况发生的时候,就说明这一定是一个偏僻的小城,但那些精彩的大教堂却反而藏在这些小城里,而每一个可以成为Cathedral级别的大教堂一定有它过人之处,在那些相似的繁华背后,我很庆幸在今天的切斯特大教堂里看到了它与很多现代建筑不同的地方:那条二层的走廊。

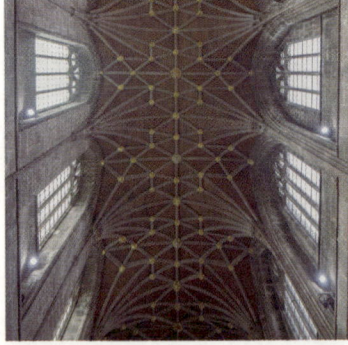

Norwich Cathedral

诺里奇大教堂

离开教堂，我去往市中心的一座现代的商场 *The Forum*。这是一个大玻璃立面的现代建筑，商场一楼的咖啡馆上下正为下午茶忙碌，对面年长的教堂静静穷观，给这个普通的周末，带来了不普通的仪式感。咖啡是西方国家最具代表性的食物，豆子和牛奶，经过碾碎，沸腾，蒸馏……滴下甘醇如黛的 *espresso*，撞上白如凝胶的奶泡，最终成为下午茶的图腾。西方人管这种相遇叫"命运"，而中国人则称之为"缘分"。

Norwich Cathedral
S.K. 2014.5.14.

2014.5.14 诺里奇大教堂 Norwich Cathedral

诺里奇可能会是我去过最东头的英国城市了，离欧洲大陆已经不远，但即使如此也不过3个小时的火车。一路途经我曾经去过的彼得伯勒和伊利，看着熙熙攘攘的人群，心中难免生出一丝的牵挂：想必，小城昨夜又东风。在经历了一段法国的旅游之后，已经有2个礼拜没有看过英国的大教堂了，走出火车站远远看到诺里奇大教堂的尖顶的时候，我的内心充满了期待，就跟英国佬回家吃土豆一样，似乎都产生了乡愁，这种坐火车踏小镇不紧不慢的节奏让我厌倦了拖着行李箱奔波的旅途。

诺里奇的火车站挺大的，一看就不是一个普通的小城。火车站的出口指示上有一个明显的标志，是去往当地的足球场，我好奇地查了一下这个球队今年的战绩，刚在4月27日被已经苟延残喘奄奄一息的曼联以4:0狂莱一顿，但凡有点羞耻心的城市断然不敢这样招摇，宁可换上卫生间的指示牌掩人耳目。

可能是因为教堂总是一个小镇最古老的建筑，越靠近大教堂，路边建筑的特征就越发明显，诺里奇的很多小房子和旧城墙都是用我们俗称的"鹅卵石"建造的，但和在国内看过的鹅卵石不太一样的是，大部分的石块都没有保持住圆润的外形，那些粗糙的表皮非常薄，破损后露出琥珀般的肌理，表面光滑并带有微微的透明感。看着它，我就想起夏天常吃的龟苓膏，偶尔我也加一点牛奶或者蜂蜜。后来我问教堂的接待人员，这石头是不是切好再砌上去，她们因为我这个奇怪的问题而哈哈大笑，在她们看来谁会去问历史这样一个问题。

在教堂不远的地方，摆了一堆望远镜，本以为跟很多旅游点一样是提供收费服务的，等我走近的时候，里面的工作人员招呼我过来看看。我　看才知道，原来在教堂的尖塔上住着猫头鹰一家，他们是一个Hawk　owl保护组织，为保护这一家六只猫头鹰，它们在塔尖的老虎窗上搭建了一个平台，并放置了一个摄像头，身边的ipad上正在实时播放着猫头鹰一家的生活。

教堂范围内因为有教堂遗址、教堂和新建部分，加上不收门票，所以有很多的出入口。我是从侧面的修道院的回廊（cloister）进去的，修道院位于整个教堂

建筑群的中心，连接三座主要建筑：大教堂、招待所（Hostry）和食堂（Refectory）。在亨利八世宗教改革背景下，大量的修道院被拆除，能被保留下来的实属不易，诺里奇的修道院回廊是英格兰最大最完整的修道院，哥特肋骨拱的交接点上有很多精彩的小雕塑，在回廊的中心绿地上，有一个简单的圆形迷宫，是为了纪念女王登基60年（Jubilee）而设置。阳光明媚，从回廊的小尖券里看教堂的尖塔别有一番小中见大的空间叠合感觉。当我正在构图调焦的时候，走廊那头远远地有两个人走过来，我停下相机，等他们走近的时候，我又听到耳熟能详的sorry。thank you和sorry的确是英国频率最高的词汇了，有时候大家谁也没碰到谁，就这么目光撞了一下，都要抢着说sorry，好像谁先说谁就没责任似的。不过我宁可相信这是一种生理反应，就像我们说"有病啊"，并不是因为古时候扁鹊和蔡桓公打招呼的方式流传至今，而是嘴巴简单地抽搐，不然英国人死亡最大的原因一定是：愧疚致死。

　　教堂主体的外立面十分普通，跟大部分哥特教堂常见的精细线条和修长的尖券的感觉相去甚远，而且出现了太多笔挺而简单的线条，让这座教堂看上去有点现代的味道，可惜它的比例感觉又没有那么好。在正立面两侧有两个偏白色的拜占庭味道的小洋葱顶，而主入口的门头在陈旧中又散发出一股埃及风格的搭配，这些组合让建筑看上去略微有些呆板。立面的细节设计也比较粗糙，圆形的柱子设计简单，跟堆放老式的蜂窝煤如出一辙。

　　教堂内部的中殿宽度并不是很大，两边的结构主要以拱券为主，分为三层依次收小，这种搭配方式是非常常见的，因为中殿空间往往是教堂十字架平面的长边的中间开间，高度要比南北两侧的走廊空间高出一截，所以第二层和第一层的这个高差正好作为两侧空间的斜面屋顶的落差。中殿南北两侧的走廊空间因为第一层结构在同一个水平面上，才能形成合理的帆拱结构，而第三层顺其自然地开窗为整个教堂采光，所以三层结构是非常合理的设计。中殿空间的顶部采用的是肋骨拱（ribbed groin vault）的结构，每根柱子生出15根肋条，相互连接，其中有8根和旁边相交，7根跟中央的对称轴相交。随着哥特风格在英国的发扬光大，它的几何

味道已经越来越超过它真正的力学作用了。

在中殿的北侧走廊空间里，我第一次看到了玫瑰窗对空间的巨大笼罩感，最靠近Crossing（十字平面交叉的位置）的两个侧向开间竟然产生了非常艳丽的颜色，一个是蜜柑色，另一个是踯躅色，弄得我不知哪来的文学勇气和物理胆识，竟想出了这样多彩的诗句来形容这散发着丁达尔气息的空间：群青渐落依碧空，胭脂一笑染红尘，说人话就是日光照在彩色玻璃上会变色。可当我回来仔细研究为什么只有这两扇窗户可以产生如此神奇效果的时候，我发现当时是早上10点左右，太阳不可能从北面的玫瑰窗里打出如此绚丽的效果。等我翻看这个部位的立面的时候，我才发现原来这两个玫瑰窗早就被旧教堂残留的石块填满了，那些光感定是人工照明无疑了，尽管沮丧，却也心安理得。

诺里奇大教堂最有代表性的是残、旧、新三者的融合。我喜欢他们对待不同时代建筑的态度，历史不仅是老建筑的，也是新建筑的，就像宣传单子上写着的那句话"take part in our story"，每一代人都有权利和义务把自己记录在历史的车轮上。在教堂的外部有很多老

教堂的残垣断壁会像雕塑一样依附或者镶嵌在旧建筑和新建筑的身上，这些残墙的建造方式也是采用了鹅卵石式的砌筑方法，那种当地特有的历史感如深秋烟树红叶般深邃。而新建的餐厅（原来的refectory，位于四方廊的南面）和游客中心（原来的hostry，位于四方廊的西面），则采用了玻璃和钢结构的开放空间，巧妙地把自己塞进残余的断墙当中，即使是小三身份，却也恰如其分地展示了婀娜多姿的曼妙。在教堂的内部，则会看到一些不对称的装饰处理，比如南面的一些小空间拱券作了很多精细的雕花，这样近距离的顶部雕花并不常见，一些曲线甚至挥洒出一丝洋葱曲线的几何味道，而在靠近十字平面交叉中心的地方有两个大柱子身上还雕刻了密布的螺旋线，在没有3d打印机的岁月里劳动人民硬是靠着勤劳的双手撸出了这么多光滑的曲线，这些另类的装饰总会像所有风尘事物那样充满了故事。

这座教堂的西端（the west end）的收头是半圆的形式，这是我在英国第一次看到这样的形式，而法国很多教堂都会采用这样的收头方式，是不是因为诺里奇离法国比较近的原因？这样的收头会使最后部分的空间的

柱子以放射状分布，空间的趣味性更浓，特别是拱券或者尖券以非平行的方式分布，很容易就产生空间的交错感；不过也失去了作为教堂最东面那最神圣、最具有展示意义的一扇玫瑰窗或者耶稣的雕像，从大门进来的一霎那缺少了一股神秘的宗教氛围。

离开教堂，我去往市中心的一座现代的商场The Forum，这是一个大玻璃立面的现代建筑，商场一楼的咖啡馆上下正为下午茶忙碌，对面年长的教堂静静旁观，给这个普通的周末，带来了不普通的仪式感。咖啡是西方国家最具代表性的食物，豆子和牛奶，经过碾碎，沸腾，蒸馏……滴下甘醇如黛的espresso，撞上白如凝胶的奶泡，最终成为下午茶的图腾。西方人管这种相遇叫"命运"，而中国人则称之为"缘分"。

Birmingham Cathedral

伯明翰大教堂

其实伯明翰就像是约克的底片，以我英国的教堂之旅，除了伦敦，但凡大点的城市大教堂往往一般，而那些有漂亮大教堂的城市另外一面又相去甚远，你又如何可以用一次教堂之旅，来简单地评判城市呢？如果我们引用古人描述女人的经典语录来形容大教堂和城市的关系，不难发现生活总是："巧妇难为无米炊""巧妻常伴拙夫眠"和"女子无才便是德"，更何况，所谓的cathedral仅仅是地区主教主持的教堂而已，并没有代表最好教堂的意思，想到这里，我不再责怪伯明翰了。

BIRMINGHAM CATHEDRAL

伯明翰 2014.5.17

2014.5.17 伯明翰大教堂Birmingham Cathedral

我挺喜欢Birmingham的中文翻译：伯明翰，它总是在无意间显摆着一股有文化的高贵，而相似的城市曼彻斯特（Manchester），听起来就是外来词，或者像诺丁汉(Nottingham)这种同样有ham的城市，听起来就像来自蛮荒的罗宾汉时代。不过事实是，这三个城市都一样没文化，因为它们同样作为工业城市而发展成为英国重要的城市，但伯明翰在各种英国城市的排名上始终是仅次于伦敦的英国老二，可见它举足轻重的地位。

从火车站走出来，门口正对的是一条人山人海的Temple Street。晴朗的周六满街的各色人种，让我擅长的修辞手法"走出火车站，就是一个安静的小镇"终于没有了用武之地。街道的尺度不算太大，车子也不多，感觉处处都是步行街。火车站本身的设计也很现代，钢结构和铝板像血盆大嘴张扬而新式，连那条出站走道的吊顶也闪耀着妖柔的参数化设计风格。这是因为在二战期间，伯明翰作为重要的城市，而遭到德国人仅次于伦敦的轰炸待遇，维多利亚时代的建筑大部分被夷为平地，所以即使是本应成为城市最老建筑的大教堂都因为年轻而莫名散发着一股假古董才有的刺鼻的赝品气味，更有一些传闻过分地把伯明翰描述成为英国最丑陋的城市，没历史只有钱的土豪在英国真的很难混。

还没有去伯明翰之前，我就把对伯明翰大教堂的期待值降到非常之低，因为从维基百科的资料上，清楚地写着：St Philip's（伯明翰主教堂的名字）是倒数第三名的最小大教堂，仅比德比大教堂（Derby）和切尔姆斯福德大教堂（Chelmsford）大。当然我觉得可能是我对哥特风格的偏爱，而不太喜欢这座"英国巴洛克典范"的建筑。

我坐在教堂周边的草地上，跟人多数身边的英国人一样啃着三明治，仰望烈日下孤独的教堂。我之所以敢肯定身边大多数是英国人，是因为我偷偷地打开了我的穷游锦囊，并悄悄地关掉，我实在害怕它看到，连这么大众的旅游推荐里面都没有它的名字，而是另外一座在selfridge（一个商业中心）对面的老教堂。这是因为在英国各个城市的旅游指南中，如果没有教堂一定让人觉得不专业，要不是因为这样的原因，伯明翰还真有可能没有任何推荐的教堂。伯明翰大教堂的风格是英国少有的巴洛克风格，是由伯明翰出生的前拉斐尔派艺术家Sir Edward Burne-Jones设计，而教堂内部的彩色玻璃则是大名鼎鼎的威廉莫里斯公司的精湛工艺，可见伯明翰大教堂有多么的年轻。教堂的设计由一位艺术家完成，一方面说明教堂制式对建筑的影响之大，另一方面也说明教堂最精彩的往往并不是空间本身。不知道是不是因为圣保罗教堂的影响，看惯哥特风格的我，在如此小规模和近距离的观看模式下，不免内心掠过一阵苍白的凄凉，所有的精细的柱子、线条、刻花、雕塑似乎都被模糊了。这种面无血色的感觉会让我觉得像推敲细节的草模，不过哥特也曾经被Batty Langley诟病为没有比例的风格（"Gothic was a crude andunmethodical order of architecture which resembled neither Doric nor Corinthian"）。而巴洛克风格总是在比例的感觉上给人强烈的召唤，教堂的黄金分割比例就像在分割黄金那样值得驻足等待，这可能是因为细节的消失才让人更加关注大的尺度感觉。从这点来说我实在没有理由嫌弃这座教堂，至少我看到了哥特建筑少有的巨大的弯面、弧

形的山花、圆顶、蜗壳卷、椭圆形窗，它的确像一些小一号的意大利巴洛克教堂那样浑厚和硬朗。

1660年，伯明翰的人口约为6000人，到1732年估计已增加到15000人。城市的快速发展使得伯明翰教堂显得有些捉襟见肘，因此从林奇菲尔德（Lichifield）教区分离出来就成为理所当然的事情，直到1905年伯明翰大教堂才成为新教区的主教堂。

教堂的内部乏善可陈，教堂没有传统的拉丁十字平面，内部由一个简单的矩形中殿组成，通道两侧由方形凹槽隔开。原来有三个画廊（其中两个仍然存在），一排双面座椅和一个三层甲板讲坛，中殿空间被简单地分成了三开间，两侧的开间做成了二层，上面是阶梯式的座位朝向主教位置，室内的大部分墙面和柱子竟然简陋到用防石材的油漆做法来完成饰面，如此怠慢与圣灵相处的空间，让这个第二大城市无地自容。

下午教堂正在举行一场礼拜，只有一个牧师，一个教徒和我。这是一场奇怪的礼拜，就像我在上课，只来了一个学生，和一个身份不明的听课人员那样，让每个人都多少感受了一丝尴尬。尽管如此，我们三个人都很

快投入了应该的角色中。在他们平淡重复的祷告中，我努力地寻找这个教堂室内精彩的地方，除了这些彩色玻璃外，几乎没有让人兴奋的地方，最后我想天气不错，还是出去走走吧。

伯明翰到底是大城市，所以大教堂并不能简单地成为城市的中心，那些使用过微软windows7的朋友，一定对其中的建筑屏保中那张圆点表皮的建筑印象深刻，如今Future Systems设计的Selfridges商场已经成为伯明翰城市的最中心和标志建筑了。这座表面流动的建筑，在蓝天的衬托下格外地上照，只是一会儿是三个中国女孩在那里自拍，一会儿是印度情侣在那里秀恩爱，我始终也没有等到没人的机会。在商场的对面是一栋老教堂，当我仰拍天空的时候，意外地发现可以在某些位置把教堂的尖顶和商场的表皮放进一个画面里。新商场和老教堂离开那么远，但他们却可以在天空相遇，就这点来说它成为中心也算实至名归。

曲终人散之后，坐在广场边我卸下双肩包的时候，才发现我的后背已经湿透了，今天开始有一点夏天的味道。本来以为伯明翰会是挺无聊的城市，没想到这场在市中心的街舞表演，让我一扫大教堂的失落，让我感受到一个短历史高发展的英国现代城市的摩登和快速。其实伯明翰就像是约克的底片，以我英国的教堂之旅，除了伦敦但凡大点的城市大教堂往往一般，而那些漂亮的大教堂的城市另外一面又相去甚远，你又如何可以用一次教堂之旅，来简单地评判城市呢？更何况，所谓的大教堂仅仅是地区主教主持的教堂而已，并没有代表最好教堂的意思，想到这里我不再责怪伯明翰了。

于是在我用速写记录伯明翰的时候，我采用了数字化的处理技术，将像素转化为正方形的单一元素，一方面表达了全世界各族人民生而平等只是体重有差异的价值观，以及希望每个人都有属于自己房子的美好祝福；另一方面也用简单的方块模糊地表现着教堂的明暗关系，暗示了黑暗的宗教势力和资本主义日暮西山以及光明的人民团结和社会主义的蒸蒸日上，这种矛盾而复杂的内心世界衬托出作者身在敌后忧国忧民的伟大情怀。

Coventry Cathedral

考文垂大教堂

新老教堂的对话是考文垂大教堂对历史最大的尊重，清晨耀眼的太阳把东面的教堂遗迹的影子撒在了古老的地面上，通过新教堂的大面玻璃上的雕刻图案又清晰地感受到教堂曾经的历史，它们就这样叠加在考文垂的历史上。

"*The concept of the old cathedral and the new one is the great respect to the history, the shadow was printed into the ancient ground by the sharp sunshine through the old church's windows and the view through the big glasses on the main facade of the new Cathedral was printed into the old cathedral. They were recorded into history by each other.*"

Coventry
S.
2014.

Cathedral
K.
8.7

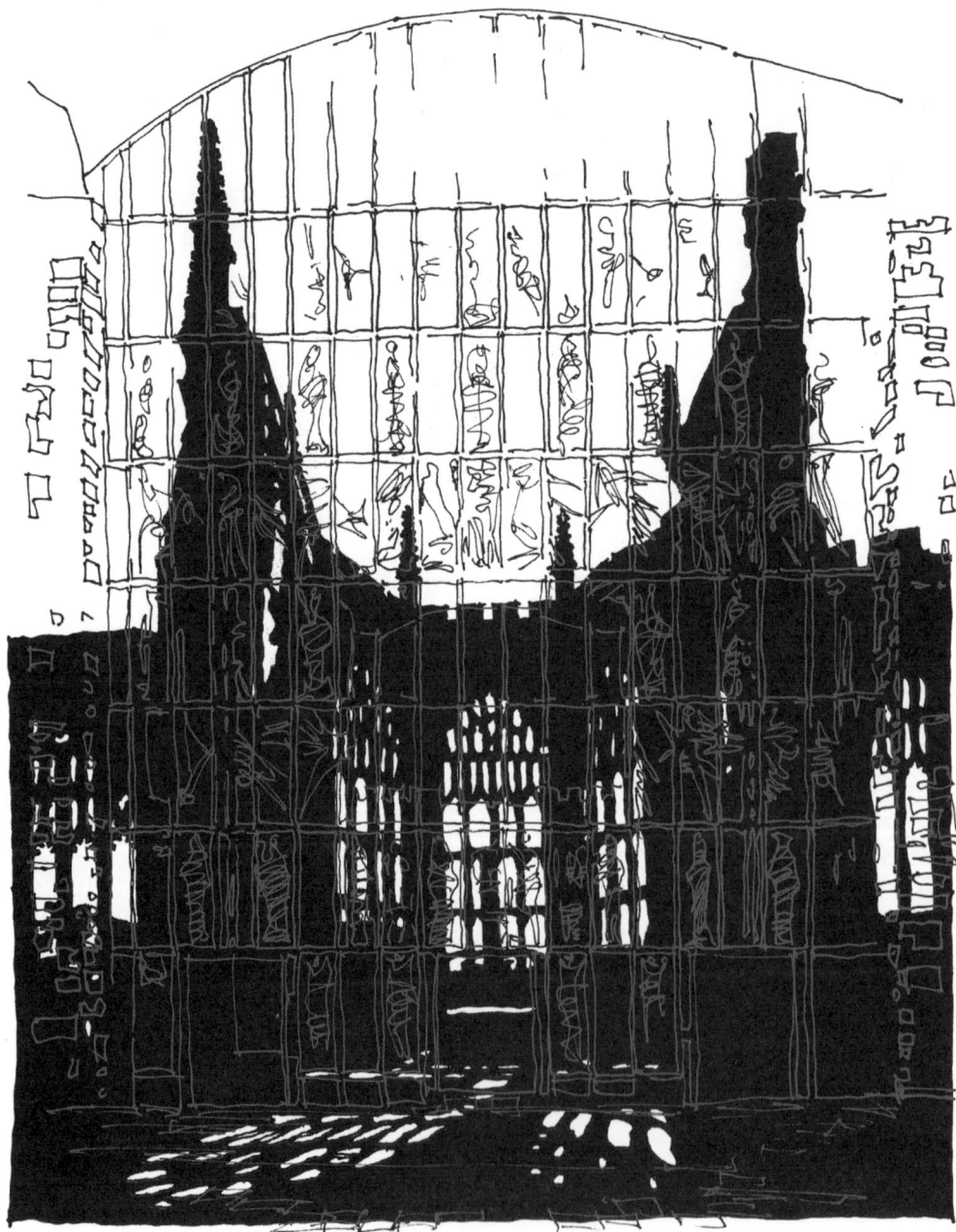

2014.5.24 考文垂大教堂Coventry Cathedral

新老教堂的对话是考文垂大教堂对历史最大的尊重，清晨耀眼的太阳把东面的教堂遗迹的影子撒在了古老的地面上，透过新教堂的大面玻璃上的雕刻图案又清晰地感受到教堂曾经的历史，它们就这样叠加在考文垂的历史上。

"The concept of the old cathedral and the new one is the great respect to the history, the shadow was printed into the ancient ground by the sharp sunshine through the old church's windows and the view through the big glasses on the main façade of the new Cathedral was printed into the old cathedral. They were recorded into history by each other."

这是我第一次一天跑两个城市，考文垂和伯明翰因为实在离得太近了，索性一起看掉，但就需要付出大清早6点出门，晚上10点回家的辛苦。好在夏天的英国夜晚如今要超过9点天黑，所以倒也没有太大的晚归感觉。

今天出门打的到火车站的出租车司机是个英语口音不错的印度人，没想到竟然绕道企图讹我。我冷漠地示意他我在英国也开车，这条路我非常熟悉，他立刻理亏地说会最后给我打个折扣。我在英国的四个月，尽管美好的事情还是占据多数，但也开始陆陆续续碰到各种丑陋的事情，就像我在林肯碰到的可笑的种族歧视。我朋友善意地提醒我离开这些低素质的未成年人远一点，他们做再出格的事情都可能不会受到法律的制裁，而你哪怕一点出格的动作都可能招来天大的麻烦。他给我举了个例子，一次坐公交车，有一群年轻人当中有人不买票，乘客中有人嘀咕了几句，立刻被年轻人指着骂：get out of my face，但谁也不敢动他们。我感慨其实世界还是相似的，以英国7000万人口的比例，那我在国内就应该天天碰到令人沮丧的事情，那些负面的东西并不会让你的生活变得更美好，就像我不能靠长期服用英式三明治，来麻痹我舌尖上的疾苦。

8点多我就到了考文垂，这是我第一次看到大教堂刚刚苏醒的面貌。第一眼看到残破的St Michael's的时候，我很容易感觉到西部地域性的典型特色，相似感觉

的两个教堂是曼城内部和切斯特的外部使用的石材，以及林奇菲尔德（Lichfield）的石材那种被雨水侵蚀后特有的陈旧感。本来英国大部分城市人就不多，大清早的教堂遗迹就更加安静而神圣，我坐在西端（West End）残破的遗迹上，刚刚东升的太阳正好逆光照在镂空哥特窗的东墙上，洒下一大片长长耀眼的明媚和厚重的阴影，在那根经历都长了青苔的木头十字架的注视下，四周只有死亡和重生才有的寂静。

考文垂的大教堂一共并存了三个不同年代的教堂。

最早的一座教堂ST　Mary's，它位于现在的新教堂的西面，差不多只剩下低矮的遗迹了，它的消逝有一段凄惨的历史，当时和邻近的林奇菲尔德为同一个教区，但却分别建造了大教堂，考文垂因此成为cathedral city。在亨利八世的宗教改革后，僧院的解散，叫Mary的似乎都没有太好的下场而被遗弃（dissolved），教区因为无力供养两个大教堂，而将它出售拆除，它也成为英国历史上唯一一个因宗教改革而被摧毁的大教堂。

第二座教堂是St Michael's，它位于现有新教堂的南面，1837年考文垂脱离林奇菲尔德划入其他教区，英国的旧版图教区划分创建于1540年间，各个地区的发展早就各不相同了。考文垂因为工业的发展，已经慢慢变成了一个繁忙的发展中城市，这时候就需要一个新的大教堂来满足人口日益增长的祈祷要求和落后的宗教生产力之间的矛盾，于是一座14世纪的教堂St Michael's就这样成为大教堂。这座教堂在二战期间被德国人的燃烧弹击中而烧毁，屋顶和内部全部损毁，只剩下外围一圈墙体还在。遗迹介绍里善良地说："……即使教堂被敌人摧毁，但我们仍然会爱我们的敌人，并成为朋友。"关于二战时期考文垂惨遭轰炸还有一个小故事：当时丘吉尔军队已经破译了德国人的电文密码，并得知德国即将轰炸考文垂的具体时间，但为了今后在更大的轰炸中重创德国人，于是舍小保大，硬生生将这个消息压制下来，没有对考文垂发布任何的疏散通知。听完这个故事就懂了为什么介绍没有提及要爱他们的政府而是爱他们的敌人。

第三座教堂沿用了St Michael's的名字，它和前两座教堂的朝向不一样，前两座教堂都是东西朝向为主的传统制式，新教堂的主轴线变成南北向是全新的设计理

英格兰大教堂

念，同时也是为了协调两座教堂遗址的位置。1940年11月14日，考文垂市被轰炸摧毁，为了鼓励人民对未来的期待和信仰的召唤，重建大教堂是在轰炸后的第二个早晨决定的。设计师Basil Spence用了非传统的教堂的设计方式获得最后的竞赛中标，他想让这个教堂成为"a casket of jewels"，这个含义并不是土豪的阿里巴巴那样的"珠宝的棺材"。在我参观完整个教堂以后，我认为准确的翻译应该是"艺术的殿堂"。

教堂对面有个小花园，最吸引人的就是几块钢板组成的纪念碑，超过1厘米的厚度3米多高的钢板简单竖立在草地旁边，纪念碑上的文字直接刻透钢板，平静有力，非常简洁的现代设计手法。纪念碑上挂着用简洁的木头做成的椅子，这是英国特有的纪念方式。我曾经在很多的教堂周边，公园里面甚至城市广场上看到这样的长凳，捐助者用这样的公益长椅镌刻死者的名字来表达思念。

考文垂的主教堂是完全现代设计手法，并将传统教堂的空间制式融合在现代的设计手法当中的处理让我耳目一新。新老教堂面对面的是一面21米高的透明玻璃

墙，由两侧各六根钢索拉紧框架，工作人员夸张地告诉我，拉紧的钢索都能产生类似吉它弦的效果。在玻璃上有好几排抽象的绘画，但这个绘画并不是用笔完成的，近看才发现这是用打磨机硬生生把光滑的玻璃打毛，并有深浅控制的现代艺术。这片玻璃墙把对面残破的教堂影像叠加到了教堂空旷深远的室内空间中，巧妙地完成了新老教堂的传递。经教堂人员的介绍，我后来才知道建筑师把自己的形象也放进了诸神队伍中了，在第四排的第四个。而更为夸张的是，在一排男神一排女神的组合当中，所有的女生形象竟然都来自他的太太，这真是多少有点忤逆不道的戏谑。尽管如此，建筑师Basil Spence还是受到了极大的尊重，他的名字就刻在教堂入口左侧的一面墙上，而且他死后就埋在了这片玻璃墙的下面，能埋在自己设计的建筑里的建筑师真是凤毛麟角了。

教堂最精彩的部分莫过于入口右边的巨大玫瑰窗墙，这面玫瑰窗据称是世界上最大的玫瑰窗之一。玻璃的分布从中间的暖黄色以同心圆的方式过渡到外圈的冷蓝色，玫瑰窗的设计用了很多斜面的柱子和斜面的窗间

墙，加上横向的木纹石大理石的肌理，上午10点刚过，东面的太阳正好打在朝东的玫瑰窗上，产生了一种类似丁达尔现象的错觉（就是光产生的体积感）。中殿空间两侧各有五扇通高的玫瑰窗，以现代折板的方式出现，玫瑰窗的图案非常抽象并非传统的圣经故事，据说在旧教堂被烧毁后，建筑师第一时间到残破的现场记录下了玫瑰窗的样子，并在日后用这个图案进行了抽象的设计。

　　教堂的柱子分布依然让人可以感觉到传统中殿空间的三开间的感觉，只是这个柱子采用了十字平面，上大下小的收分到了顶面自然延展成为方形的网格结构，而底部落地的处理竟然是更为轻盈地转化为钢结构的单点落地，颇有几分巴塞罗那德国馆的轻巧。顶面的方形网格并非平面，而是起伏的折面，完全是现在数字风格的做派，仔细一看还是能体会到每根柱子之间那种类似帆拱结构弧形收放。传统唱诗班的位置都会有极为复杂的木雕背景，这座教堂则用了很多抽象的三角木头结构来延续传统的设置，依然是木材，依然很复杂，但透露出一股叛逆的现代味道。教堂里面有很多精彩的雕塑，这

也是我要把"a casket of jewels"翻译为"艺术的殿堂"的一个重要原因，这些雕塑都是走现代和抽象的路线，并被巧妙地结合进隔断或者宗教事物当中。

　　在教堂的左侧，有一个非常特别的the chapel of unity。它之所以叫unity，一方面是因为这个教堂是全世界各国人民捐助下建造而成的，另一方面则是因为这个小礼拜堂并不限于基督教徒使用，它宽容地希望让不同宗教的人可以在一起祈祷。教堂的地面用五颜六色的大理石抽象了五大洲的团结，比如美国的老鹰，澳洲的袋鼠，非洲的木雕，欧洲的帕提农神庙，当然还有中国的长城和坡屋顶，这的确是一些可爱的图案。礼拜堂是一个十边型平面，有十条细长的楔形柱子伸出平面，柱子的端头镶嵌了超过15米高20厘米宽的彩色玻璃，不同的时间段太阳会从不同的柱子端头的彩色玻璃打进小礼拜堂，简直是一个瑰丽的日晷。十边型平面与柱子交接的地方则用了细条的透明玻璃，细部设计轻盈精致。当我把相机放在中心的玻璃桌子上用大广角拍下这张照片的时候，我自己都有些惊艳于那些迷人的缝光如万箭穿心地汇聚在这个小空间里。

教堂的尽头有一幅23米高12米宽的手工绣画，据说用了超过900种颜色的线缝制而成。画中耶稣的脚下有一个看起来非常小的人，高度是1.5米，接近人体高度，但看起来非常的渺小，宗教的震慑力真是不言自威啊！

考文垂大教堂是我目前为止遇到的第一家拥有自己App的教堂，在手机上你可以看到教堂的各种介绍，甚至四周平移的室内照片。它不仅舒缓了我对英国教堂死守哥特风的审美疲劳，同时展示了英国人在历史和现代之间作出的最佳的结合和平衡。

我非常喜欢他们骄傲地对教堂的评价：考文垂更愿意自己是最后一座老教堂而不是第一座新教堂（"It is no disparagement of a great work of architecture to say that Coventry is perhaps one of the last the old cathedrals, rather than the first of the new"）。作为工业革命的发源地，英国的确用他们的蒸汽机拉动整个世界往前跑，但我更欣赏的是，他们并没有因此而变得技术至上，就像这座教堂，恰到好处！

英格兰大教堂

St Edmundsbury Cathedral

圣埃德蒙兹贝里大教堂

　　路边的长凳上一个穿着秀丽的小姑娘正在摆弄她的鞋，一个坐着轮椅经过的老奶奶大声地对她说：你今天真漂亮！小姑娘羞涩地应了声：谢谢。这幅画面也许就应该是如今我们看圣埃德蒙兹贝里大教堂（*St Edmunsbury Cathedral*）的态度，尽管它略显平凡，我们却要学会欣赏平凡和享受平凡，如同我在教堂花园的咖啡馆喝着下午茶，吹席席微风，看沧桑建筑，听老奶奶们窃窃私语。

St. Edmunsbury
2014.5.20

2014.5.20 圣埃德蒙兹贝里大教堂
St Edmundsbury Cathedral

圣埃德蒙兹贝里大教堂是我去过的第一个后缀名"Bury"的城市，它也叫Bury St Edmuns。字面上可以理解为坟地，我戏谑地推测这个地名的原意大概可以理解为一个叫Edmuns并被后人称为"圣人"的人死后埋葬的这个城市，后来才知道事实上这是一个古英语，大概也相当于城堡或者山寨的意思。不过英国人对于死亡的理解并不像我们这么忌讳，教堂外面永远会有各种墓碑，甚至教堂里面也棺材林立。实际上Edmuns是这个地区曾经的国王（The king of East Angles），教堂门口矗立的雕像就是他。可能真是因为叫Bury的地方多少有些不吉利，我在彼得伯勒（Peterborough）站换乘的时候，获知去往埃德蒙兹贝里的火车取消了，不得不改签到剑桥（Cambridge）再从那转车过去。正是因为英国铁路系统极为发达，所以轻易就能殊途同归，工作人员甚至都没有向我说一声sorry，这说明这事在这里比不小心踩到别人脚还不足为道。

在进入圣埃德蒙兹贝里大教堂之前，远远地就进入了僧院（abbey）的废墟范围，显然这又是一个在亨利八世宗教改革下惨遭蹂躏的教堂，现在的废墟已经改变成为一个公园。在公园的入口不远有一个当年僧院的复原模型，看它曾经的建筑占地，可以想见当年的辉煌，但公园根本不对遗迹进行保护，残垣断壁自生自灭，春游的学生旁若无物地踩踏，它们更像是公园里的雕塑。唯一勾起我兴趣的是穿过破败墙体看到新教堂Millennium Tower的新旧对话，只是大部分的僧院的墙都只剩墙根了，它们完全享受不到大教堂翻新的建筑规范：雕栏玉砌应犹在，只是朱颜改。不过对与僧院制这种"吃素喝粥"的禁欲修道生活，深宅大院也枉然，我还是更喜欢新教允许牧师结婚、允许女主教这种正常人生活的态度。

作为诺曼时期标准的教堂模式，从圣埃德蒙兹贝里大教堂的复原模型中可以看到在西面的主立面上，中间有一座高塔，两侧有两个小尖塔，形成"山"字形的立面构图。这点在伊利大教堂、诺里奇大教堂中也可以看到，另外东立面的收尾也是非常法国式的半圆形空间。

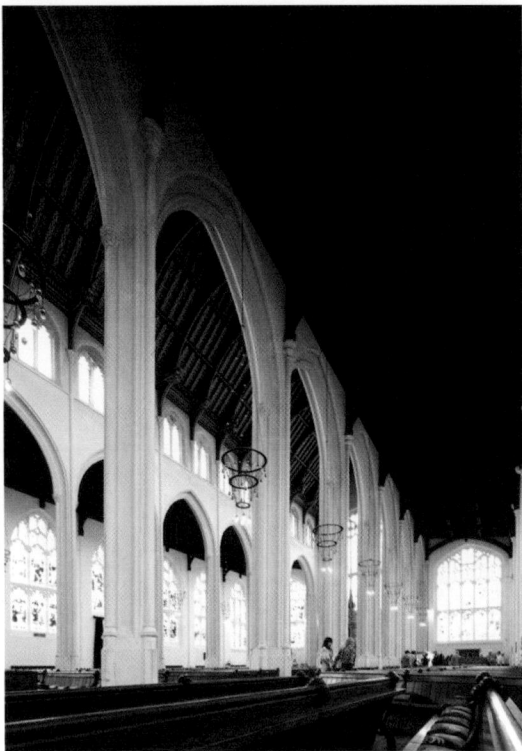

可惜大教堂损毁之后再没有当年的辉煌，东西立面的设计都显得很简单。教堂北侧有一堆低矮的办公用房，建造方式十分奇特，它们完全保留了当年残余的墙体，竭尽腾挪之力将窗户和门"塞进"其中。建筑的立面看起来并不平整，倒像是连接在一段刚刚被拆除的建筑上一样凹凸不平。我欣赏他们尊重旧建筑的态度，就是让它依然可以被使用。

圣埃德蒙兹贝里大教堂是一座身份年轻的教堂，它于1914年成为大教堂，它的塔楼Millennium Tower甚至是在2005年才完工的。最让人惊讶的是，1943年Stephen Dykes Bower被任命为教堂的建筑师，1994年他去世的时候，竟然留下了200万英镑供教堂完成后面的建造工作，他令人嫉妒地完成了"取之于民，用之于民"的财富循环。

这座教堂内部以白色调为主，用现代的眼光看很容易怀疑它的结构是不是石材结构，不过当你手摸上去的时候，还是会发现白色的涂料是刷在石头的表面上的，特别是中殿空间两侧的柱子和墙身，因为丢失了石材建造方式特有的拼缝和天然石材特有的纹理，看上去有些

廉价。不过这段审美取向的离经叛道还是被尊重历史的英国人忠诚地记录下来了，但白色空间给玫瑰窗带来更柔和的对比，观赏玫瑰窗时候的视觉感受明显要舒适很多。教堂的吊顶采用的是木结构，这恐怕是这座教堂看上去并不起眼的重要原因，尽管木结构的线条和彩绘，甚至雕塑也算煞费苦心，但终于还是没有石材浑然一体的空间感觉更完整，教堂顶面木材色彩偏暗，而墙体又偏白，于是也促成我唯一一次用黑白拍摄模式记录。使用了木结构的顶部当然也有它的优势，对于两侧墙体的侧推力明显就会比用石头顶部结构要小很多，于是中殿空间的结构变得更加的纤细和修长，特别是结构的厚度变薄。

教堂的格局在不同的地方总会有些轻微的变化，这个教堂特别之处在于南北的耳堂（Transept，十字架平面的短翼空间）都做了两层的处理，特别是北面耳堂搭了一个1层半的VIP贵宾祈祷室。因为耳堂和十字平面交叉中心（Crossing）交接的地方是比例修长的尖券门，在这个区域做礼拜的视觉感觉是非常不同的，相当于俯瞰主教主持礼拜。

教堂的中心靠东悬挂着一个很特别的十字架，长短不一的横三根木条和竖三根木条叠加，再缠绕一根橘黄色丝巾，现代感十足。对于十字架的设计，英国人似乎特别开放，我见过很多不同款式的设计，并不遵守正交和对称的传统认识，而在考文垂甚至是两根当年教堂烧毁的木头随便一钉倒也意味深远。

在教堂北面我看到一幅当年僧院的复原图，刚开始我还以为是这个教堂的复原图，仔细一看才知道这是圣埃德蒙兹贝里当年最辉煌的大教堂。而如今的教堂不过是当年一个仅供平民百姓礼拜的小礼拜堂慢慢加建的，而真正的大教堂要巨大很多，高度是现在这个教堂塔楼的3.5倍，简单地和林肯（Lincoln）大教堂的高度比一下，几乎也要高出1.5倍吧。我略带玩笑地对神职人员说我不相信，他认真地对我说如果你300年前来的话你就会相信。如果真是因为宗教改革将如此宏伟的教堂毁于一旦，那亨利八世太对不起建造这个教堂的工人们了。就如今教堂的规模和精致程度我还是坚持这只是这里民众对于历史的一种幻想，作为建筑师，根本没有勇气接受一座精彩的建筑被人为破坏这样惨绝人寰的事情。当

我走出教堂再次来到废墟的时候，我又仔细研究了一下残余的柱子的尺寸和中殿空间的开间，终于可以心安理得地认定这不太可能是那么高的建筑。

看完教堂到城市的中心区走走，想去的博物馆5点多就关门了，在这个10点钟天都不会完全黑的日子里，他们的生活依旧简单。路边的长凳上一个穿着秀丽的小姑娘正在摆弄她的鞋，一个坐着轮椅经过的老奶奶大声地对她说：你今天真漂亮！小姑娘羞涩地应了声：谢谢。这幅画面也许就应该是如今我们看圣埃德蒙兹贝里大教堂的态度，尽管它略显平凡，我们却要学会欣赏平凡和享受平凡，如同我在教堂花园的咖啡馆喝着下午茶，吹着席席微风，看沧桑建筑，听老奶奶们窃窃私语。

Bradford Cathedral

布莱德福德大教堂

"三个不同时代的建筑，用各自不同的材料和色彩拼凑成了如今的样子，不同的粗细笔法也真实地勾勒出它们的特征。"

BRADFORD
CATHEDRAL   S.K. 2014.5.24

2014.5.24 布莱德福德大教堂

Bradford Cathedral

"三个不同时代的建筑，用各自不同的材料和色彩拼凑成了如今的样子，不同的粗细笔法也真实地勾勒出它们的特征。"

在经历诺里奇（Norwich）之旅火车抛锚在前不着村后不着店March的小站，苦等2小时结伴打车回家和圣埃德蒙兹贝里大教堂（St Edmunsbury）之旅火车在剑桥毫无征兆地被取消之后，面对今天布莱德福德之旅的火车晚点我似乎已经可以做到心静如水了，并暗暗庆幸事情正在往好的方向发展。这些问题出现的时候，即使是20岁左右的年轻人也不过就是更草率地决定马上安静地下车换其他交通工具，而像我这样的大叔大妈们几乎都选择了平静对待，没有抗议没有投诉，即使比我胖的人都没有要求提供餐饮。这时候我总是装模作样地拿出包里几页晦涩的英文资料，只要有更枯燥的事情缠绕，顿时生活就会产生更多的正能量。

布莱德福德在一些网站上位列英国十大城市第四位，而像维基百科这样的权威网站却没有将它排进前20名，这种混乱的评价标准无外乎是以人口、经济能力和面积来评判了。不过我更相信自己的综合感觉，以我自己所见城市面貌，布莱德福德绝对不是20名以外的城市，就正规的南北两个火车站和这么多超过4~5层的房子，就不是莱斯特（Leicester）这样的小城可以相提并论的。

教堂是1919年因为布莱德福德地区的发展，人口剧增，从主管的里彭教区分离出来而成为cathedral的，此时的教堂由于过于简陋竟然还不能满足作为cathedral应该具备的功能，包括像举行隆重的仪式。不久两次世界人战更是让教堂的建设不断延期，但建造的缓慢也给教堂带来更多新的科技。和总是欲言又止在门口的捐款箱上写着"教堂每天需要XXX英镑来维持运营"的很多教堂不同，这座教堂的屋顶上放置了很多太阳能板，每天将使用不完的电输送回市政电网。如果碰到这样的阴雨天再免费从市政网中"payback"（回收）使用，恐怕耶稣看到这么省心的教堂也要从十字架上跳下来滴血点赞吧。

布莱德福德大教堂的入口很特别，教堂因为建在一个不算太高的小山坡上，围绕小土坡的是一个圆形的环路，这也是我见过唯一清晰划定范围的教堂。入口则远远地抛在山坡下方，这种大老远就让人要三叩九拜的接近方式，让我第一次感受到教堂召唤的仪式感。但今天的天气不太给力，一场中雨把古老的教堂入口淋得原形毕露，古老的石头砌筑方式导致雨天的时候就会从石头缝隙中不断渗漏出苍老的皱纹，雨水与裂缝齐飞，青苔共黑霉一色。穿过入口就是连续弯折的楼梯和不断向上的大草地了，和我们习惯的经历"芳草鲜美，落英缤纷"之后就应该是"豁然开朗"的传统剧情不同，迎接我的只是一个从北侧建筑主体中伸出来的小门，和大煞风景的铁栏杆。

小教堂总是格外安静，只有唱诗班的神职人员在演奏着钢琴曲。中殿空间是这个教堂内部最古老的部分，墙面的石材是少见没有磨平的处理，大小搭配错乱，粗糙地看上去更像风吹日晒的外墙做法。中殿空间的顶部是木桁架结构，在英国大部分建筑木材都是橡木，深咖啡色，可以长得非常巨大，作为教堂顶部的结构

的这些木材大部分都是300年以上的历史了，这和我在Sherwood公园（诺丁汉的舍伍德公园）看到被台风刮得东倒西歪的上千年空心橡树完全不同。中殿空间后面唱诗班和主祭坛新建部分的尖券做法很特别，一般的尖券剖面都是外凸，但这里的尖券是内凹的，三条肋并排中间留出一定的空间，因此尖券看上去更加纤细和轻薄。在主祭坛两侧部分，还有几个非常现代的顶部天窗，采用尖橄榄形，不带任何多余装饰。可是设计这些现代处理手法的建筑师并没有尊贵地出现在教堂的资料上，看来与其做一个好的设计，不如在一个好地方做设计，更容易名垂青史。

内部教堂的平面似乎是典型的十字架平面，但从放置在门口的教堂的模型看，实际上是一个用办公空间硬隔出来的十字平面，所以教堂的十字平面并不显著，甚至在顶部和平面的对位上最高点也错位地厉害，而实际上教堂最高的塔楼在西立面上，在内部根本感觉不到。将办公空间和教堂空间混合在一起是这个教堂最大的败笔，办公空间的私密性遮断了光线对于主空间的影响力。

在唱诗班北面的一处墙上，开了一个小小的洞，里面有一段楼梯，似乎是一段通向二楼的楼梯，但是又不能进入。我正在疑惑地看着的时候，一个神职人员过来跟我说这个的确是当年通往二楼the Chatry chapels的楼梯，上面供奉着圣坛。由于16世纪中期亨利八世的宗教改革，导致上面的高坛被毁，但这部通向高坛的楼梯却这样被截断保留在了墙体里面。他还跟我说最西面的玫瑰窗虽然看上去非常简单，彩色玻璃片七零八落，但这些彩色玻璃却是从老教堂玫瑰窗上拆除下来的，然后再镶嵌到新的玫瑰窗上去的，我紧接着问他既然如此为什么不把老教堂的砖石也如法炮制在新造的东立面上，神职人员表示也许他们这么做了，但是白色的涂料覆盖在上面看不出来。实际上在14世纪教堂重建时，一些较旧的砖石就被用于中殿的建造中，所以中殿是现存建筑中最古老的部分的说法让人有些质疑：用材料的历史来证明建筑的历史是不是合理？

来到建筑的外面，可以更加清楚地感受到不同建造时期的建筑区别，主立面（西立面）的塔楼历史最为悠久，顶部的尖券窗户的石头百叶都已经快掉落，不过依

然挺立在山头。依次往东的中殿空间段则是教堂的第二个时期，经过局部更换和整修的立面已经很干净了，但依然保持了内部毛石的自然。而1987年重新整治一新的西端的部分几乎就像城市上的其他哥特风格的建筑了，所有的石材切割整齐，步调一致，浑然一色。

布莱德福德尽管是一个发展不差的城市，但这跟教堂的建设却毫无关联，主教堂必须坚守"富贵不能移"的原则。作为一个不起眼的小"Cathedral"（在它的官网上多次出现的仍然是church这个词），它先是属于里彭（Ripon）教区从约克（York）教区分离出来，然后再从里彭教区再次分离出来，所以它的发展过程是从一个普通教堂变为教区教堂，然后再变成主教区的教堂，这种卑微地位的提升似乎让它猝不及防。即使现在，在官网上他们依然略带骄傲地说："今年约克大教堂（York Minster）的总教主已经光临过本教堂2次。"在这种思想的主持下，教堂的建设当然也就畏首畏尾难免尴尬了。

Wakefield Cathedral

维克菲尔德大教堂

　　在我拍照的过程中，有一个神职老奶奶看到我在拍照就问我，是不是填了拍照的表格了，我说没有，我不是专业摄影师，她欣慰地飘然而去。没想到在门口，又被一个神职老爷爷拦了下来，这次他认定我的5D3相机是专业相机，坚持我必须要填表格，于是我就在表格上写下姓名拼音、地址和电话，签给他以后他就心满意足地笑了。此时对于这种英国特有的自娱自乐的信任，我只能报以中国特有的不卑不亢的疑惑。

Wakefield Cathedral
B.K. 2014.5.24

2014.5.24 维克菲尔德大教堂

Wakefield Cathedral

我的教堂之旅极少碰到下雨，即使碰到了也是短时间的阵雨，阴郁的英国总是道是无晴却有晴，至少每天总有那么几分钟能看到太阳。维克菲尔德之行本来安排极为缜密，我原打算在教堂四点钟快关门前赶往Hepworth　Wakefield艺术馆，然后再折回教堂拍落日前漂亮的光影，但由于这场大雨让我只能先选择到离火车站比较近的艺术馆躲雨，再匆忙赶往维克菲尔德大教堂。之所以我有很多种安排的可能是因为在维克菲尔德有两个火车站，并且和布莱德福德（Bradford）之间有极多的火车班次。在英国很多城市都不止一个火车站，而且火车站的多少和城市的大小也无必然联系，比如伦敦有十几个火车站，而大城市利兹就只有一个大火车站，前一站布莱德福德有两个火车站分别在城市南北两侧，铁路不穿越市中心，而维克菲尔德的两个火车站则垂直交叉穿过城市。

赫普沃斯-维克菲尔德（Hepworth　Wakefield）艺术馆是David　Chipperfield的设计作品，以英国著名的雕塑家芭芭拉·赫普沃斯（Barbara　Hepworth）命名。因为芭芭拉在维克菲尔德出生，因此赫普沃斯-维克菲尔德艺术馆便成为她理所当然的个人雕塑馆。艺术馆展出的镇山之宝包括她最著名的雕塑作品之一 "Mother and　Child" 以及另一位英格兰著名的雕塑家亨利·摩尔(Henry Moore)的 "Reclining Figure"。"Mother and Child" 这个主题在宗教里是一个热门词，芭芭拉有一系列的相关作品展示，而在伦敦的圣保罗大教堂我也曾经看到亨利摩尔晚期的 "母与子" 的雕塑作品，二者采用的手法极为相似。在赫普沃斯-维克菲尔德艺术馆充满现代设计感的大面积白墙和落地玻璃窗前看远处模糊的维克菲尔德大教堂，玻璃上流淌的水珠让眼前景致变成了一幅漂亮的油画，这种充满艺术气息的设计熏得坐在地上的我都觉得自己像那些圆滚滚的雕塑作品。

维克菲尔德大教堂是一座古老的教堂。1888年，维克菲尔德教区成立，前身叫All　Saints　Church的教堂成为教区的大教堂。2013年为了庆祝成为cathedral的125周年，教堂花了一年的时间翻修了中殿空间，并在南侧

地下挖出2具千年石棺，为其大器晚成提供了名正言顺的证据。即使在当代，死去的人们通常会被埋葬在教堂旁边，甚至在教堂内，这被认为是一种荣耀，所以当教堂扩建的时候，通常会建在古老的坟墓之上。新方案的中殿的地面将比原来的地面低600毫米，所以必然会破坏下面的坟墓，室内比室外低的教堂很少，尽管下沉的空间的仪式感不错，但碰到的困难会很多，这不单单是建筑的防水要求，从这个角度说维克菲尔德大教堂的空间是很独特的。

大教堂位于Kirkgate的一座小山上，建在当年的盎格鲁萨克斯年代的教堂遗址上。正如教堂的建筑师John Bailey所说："西立面上的塔楼上的尖塔247英尺（75米）的高度是约克郡最高的，这座一览众山小的尖塔指引着朝圣者的到来（The spire of Wakefield Cathedral, at a height of approximately 247 feet, is the tallest church in Yorkshire and still dominates the city skyline, drawing pilgrims and visitors to the cathedral.）。"高耸的尖塔的确成为教堂最引人注目的部位。时值春末，教堂的西立面前树木茂盛，无法拍摄到一张像样的正面大头照，反而是东面的背立面处在开阔的城市广场中，尽享荣华富贵。教堂和城市关系严丝合缝，依山势而建的台阶广场曾经举行大场面的传经布道，这种内外兼修的功能让教堂这层皮糙肉厚的立面立刻变得吹弹可破。

如果不是拍照的时候总是对对称性有强迫症般地苛求，可能会忽略中殿空间的两侧的柱子位置并不对称，仔细研究才发现最大错位已经达到了半个柱距之大，足有2米以上。中殿空间北侧的柱子是教堂最古老的部分，建于1150年，而中殿空间南侧的柱子建于之后的100年间，由交替的圆形和八边形的柱子组成。对于柱网不对称我觉得无法理解，并就此咨询工作人员，他们给我的"因为建造时间的差异"答复并不能让我信服，即使是非建筑师也不会犯这样简单的错误。后来我才在教堂里一段建造历史的视频中找到答案，原来最早的教堂只是一个很小的建筑，在现在中殿空间的位置，后来在北侧加建了一个建筑，也就是现在的中殿北侧走廊（North aisle）空间位置，但在当年这个加建的部分并没有和中殿空间相通，因此它的结构是脱离原有建筑结构，同样的方式在后来建造了南面的部分，但南北两部

分并没有进行对位建设。而当后来教堂高塔于1320年被一阵狂风刮倒后，中殿空间进行了重修并加高的过程中，拆除中殿空间要将两侧建筑连成一个大的新教堂的时候，这时巨大的错位已经无法修正了。中殿空间的吊顶是木质的平顶，这也是在原来的肋骨拱结构损毁后重建的，因为结构的不对称性，采用平顶的方式也许是一个无奈的选择，不过每次看到木质顶面的中殿，心里总是默默地伤感一下：顶面结构技术作为哥特建筑最绚丽的卧榻之侧岂容木头酣睡！

教堂的平面基本就是一个长方形的平面，北侧有一个短翼微微伸出，但总体来说教堂并没有体现出十字平面的特征。对于大部分教堂而言，十字平面的中心位置总是塔楼的最佳位置，而这座教堂的塔楼就布置在西立面上。1409年至1420年间，西立面塔楼和尖顶建造完成，并在1440年建造了现在的中殿天窗，正是因为没有把塔楼造在十字平面的中心位置上，所以可以做个圆形的天窗，但是黑乎乎的效果似乎并不理想。我习惯把十字平面的交叉位置理解为教堂最中心的位置，而此刻没有了塔楼，如果还采用十字平面就会显得有些尴尬，当

然这种尴尬另外一方面也是因为小教堂有时并不采用气势磅薄的十字平面。

教堂唱诗班及后面祭坛的哥特味道渐浓，明显是最后加建或者重修的。它采用了颜色偏咖啡的石材，对于光线的反射不是很理想，所以教堂不得不使用了大量的从上而下的人工照明，导致拍照时产生大量的炫光和逆光。一个圣明在上的场所反而让人不敢抬头仰望，真是不懂摄影的建筑师不是好的照明设计师。教堂最东端的St Mark's Chapel是这座教堂最精彩的地方。这是为了纪念教堂第一任主教而建的，这个小礼拜堂的特殊结构是四根不靠边的柱子，这四根柱了和含在墙里对位的柱子直接用尖券进行了连接，四根柱子之间的尖券正好和墙体玫瑰窗的尖券平行对位，设计显得非常精准，整个空间并没有因为这四根柱子的限定变小，反而更加丰富。因为柱子呈菱形，四面临空，所以它生长的肋骨拱也是面向四面八方的，在不同高度上和相邻的柱子进行连接，加上柱子南北向的间距比东西向的间距要大，所以在南北向上会形成类似圆拱的效果，而东西向则是典型的尖券，顶部扇形肋骨拱（lierne vaulting）穿针引线

的设计的确让人眼花缭乱。

　　在我拍照的过程中，有一个神职老奶奶看到我在拍照就问我，是不是填了拍照的表格了，我说没有，我不是专业摄影师，她欣慰地飘然而去。没想到在门口，又被一个神职老爷爷拦了下来，这次他认定我的5D3相机是专业相机，坚持我必须要填表格，于是我就在表格上写下姓名拼音、地址和电话，签给他以后他就心满意足地笑了。此时对于这种英国特有的自娱自乐的信任，我只能报以中国特有的不卑不亢的疑惑。

　　5点钟就是教堂的晚钟弥撒了，召唤的钟声让还在教堂意犹未尽的我顺势坐在椅子上观摩他们的弥撒。这座教堂有很多先进设备，所有灯光都有调光设备。幽默的胖神父主持弥撒的时候不时和大家开开玩笑，手里一直拿着一个iPhone，当需要音乐响起的时候，他就直接用手中的iPhone将歌曲播放出来，同时还有几个移动的液晶屏幕播放视频。这是一段海浪的视频，也是今天弥撒的主题"字母C"（sea），科技的力量让死板的传统也变得时尚。但我心里总是不免嘀咕，是什么让这些本应该奔波在晚高峰回家烧饭路上的中老年人如此悠闲宁静

地享受晚钟弥撒？是不是渐渐对年轻人失去魅力的宗教只能在他们年老时候提醒他们为进入天堂攒够满满的人品？

　　今天回家的时候已经有点晚了，在德比（Derby）站正好碰到一堆球迷坐火车，少见的平静让我对英国球迷不禁有些失望。我上网一查，才知道今天不仅是欧冠的决赛，对他们而言更重要的一场比赛是英超升级的决赛。德比郡在11人打10人的有利条件下最后一刻失球败于女王公园巡游者队，领先了一个赛季最后功亏一篑，难怪他们会如此沮丧，但他们对于自己球队的热爱远超过对于足球的热爱。联想起下午雨后教堂门口广场上自愿做基督教宣传的三个白发苍苍的老人，没有喇叭就靠着嗓子大声地诵读圣经，因此我也很容易想象，一座稀松平常的教堂对于维克菲尔德的人民来说，不管有没有那座高耸的尖塔，在他们心中依然是最美的大教堂。